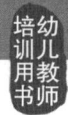
幼儿教师培训用书

幼儿园创意美术活动设计与指导

主编 宗珣 副主编 关靖芸

北京师范大学出版集团
BEIJING NORMAL UNIVERSITY PUBLISHING GROUP
安徽大学出版社

图书在版编目(CIP)数据

幼儿园创意美术活动设计与指导/宗珣主编. —合肥:安徽大学出版社, 2017.7(2025.8 重印)
幼儿教师培训用书
ISBN 978-7-81110-835-4

Ⅰ.①幼… Ⅱ.①宗… Ⅲ.①美术课－幼教人员－教师培训－教材 Ⅳ.①G613.6

中国版本图书馆 CIP 数据核字(2013)第 100107 号

出版发行:	北京师范大学出版集团 安 徽 大 学 出 版 社 (安徽省合肥市肥西路 3 号 邮编 230039) www.bnupg.com www.ahupress.com.cn
印　　刷:	安徽联众印刷有限公司
经　　销:	全国新华书店
开　　本:	787 mm×1092 mm　1/16
印　　张:	10.5
字　　数:	175 千字
版　　次:	2017 年 7 月第 1 版
印　　次:	2025 年 8 月第 6 次印刷
定　　价:	42.00 元
ISBN 978-7-81110-835-4	

策划编辑:王先斌		装帧设计:李　军	
责任编辑:杨　序		美术编辑:李　军	
责任印制:赵明炎			

版权所有　侵权必究
反盗版、侵权举报电话:0551－65106311
外埠邮购电话:0551－65107716
本书如有印装质量问题,请与印制与运营中心联系调换。
印制与运营中心电话:0551－65106311

前　　言

　　幼儿美术教育是对儿童心理、思想、情操和人格等方面的教育，是全面育人的教育。正如《3~6岁儿童学习与发展指南》中指出的："每个幼儿心里都有一颗美的种子。幼儿艺术领域学习的关键在于充分创造条件和机会，在大自然和社会文化生活中萌发幼儿对美的感受和体验，丰富其想象力和创造力，引导幼儿学会用心灵去感受美和体验美，用自己的方式去表现美和创造美。"因此，幼儿美术教育更重要的是培养幼儿的观察力、想象力和创造力，使幼儿借助于绘画、手工制作等形式，抒发自己内在的情绪和情感，从而获得对美的感受，在实践中陶冶情操，完善人格。

　　现如今，仍有不少幼儿园教师将美术教育仅仅当成一种技能施加给幼儿，在课堂教学活动中仅作枯燥无意义的临摹或技能训练，严重限制了幼儿的想象力和创造力。为了更好地贯彻《3~6岁儿童学习与发展指南》中关于美术教育的精神和理念，真正发挥美术教育对幼儿发展的价值和意义，本书通过美术活动中三大教育形式——绘画、手工及欣赏，进行大胆的尝试和指导，通过一系列具体、生动的教学设计，让幼儿教育者们直观地感受、理解美术活动的真谛，进而从幼儿独特的情感、想象出发，启发幼儿大胆创作，给幼儿提供表达自己认知和情感的平台。引导幼儿在创作设计的同时，乐于思考和表达，感受、发现、创造美，真正保护幼儿心中美的种子。

　　本书中所有的美术活动设计都注重为幼儿营造轻松愉悦的心理环境、充满情感色彩的审美环境；在激发幼儿的好奇心和求知欲的同时，还能引导幼儿感受美术创作所带来的快乐和自由，帮助幼儿欣赏美、创造美。

　　本书中的教学设计精选了本园多位优秀教师的美术教育成果，非常符合幼儿的年龄特点，创新、实用。因编写时间仓促，多有不足之处，还望各位读者见谅，并欢迎大家给我们提出宝贵意见，便于我们日后再版时不断完善、不断提高。

宗　珣
2016年4月

目 录

第一章　绘画

第一节　小班 ·································· 1
　　妈妈的头发 ································ 3
　　春日里的毛毛虫 ···························· 4
　　小花被(一) ································ 6
　　小花被(二) ································ 7
　　漂亮的手帕 ································ 9
　　画中的故事 ······························· 11
　　踢踏舞会 ································· 12
　　走小路 ··································· 14

第二节　中班 ································ 16
　　绽放的花朵 ······························· 19
　　蝶儿飞飞 ································· 21
　　熊猫 ····································· 23
　　创意笑脸 ································· 25
　　可爱的牛 ································· 27
　　威武的老虎 ······························· 29
　　光芒万丈的太阳 ··························· 31
　　快乐的小鸟 ······························· 33
　　缤纷夜上海 ······························· 35

第三节　大班 ································ 37
　　如果我有双翅膀 ··························· 39
　　我的老师 ································· 41
　　米老鼠 ··································· 43

缤纷的色彩	45
画格子	47
仙人掌	49
多彩青花瓷	51
美丽的吸管画	53
马	55
冰棒棍小人	57

第二章　手工

第一节　小班 …… 59

图形宝宝爱运动	61
圆圆的月饼	63
小鸡	65
孔雀开屏	67
美丽的小船	69
送给妈妈的手镯	71
瓶娃娃	73
牙齿刷得白又美	75
多彩海洋球	77
瓶盖花	79

第二节　中班 …… 81

七星瓢虫	83
草裙	85
生命树	87
大青虫	89
好玩的编织画	91
好吃的蛋糕	93
淘气的树叶宝宝	95
图形拼搭	97
铃儿响叮当	99
小小贺卡暖暖情	101
向日葵	103

第三节　　大班	105
树叶风铃	107
家庭小卫士	109
螃蟹	111
百变石头	113
鳄鱼鳄鱼爬	115
狮子	117
五彩报纸鱼	119
可爱的笔筒	121
弹簧玩偶	123
纸盒动物	125
谷物画	127
手袋宝宝大变身	129

第三章　　欣赏

第一节　　小班	131
扇子	133
秋菊	135
《椅中圣母》	137
第二节　　中班	139
《星夜》	141
《红色中的和谐》	143
《盲女》	145
第三节　　大班	147
波洛克的画	149
京剧脸谱	151
泥塑	154

后记	156

第一章 绘画

第一节 小班

妈妈的头发

活动目标

1. 学习画长短直线和曲线。
2. 了解人物五官的结构,合理构图。
3. 能用语言准确表达自己对发型的认识。

活动准备

发型图(短发、长直发、短卷发、长卷发)、画纸、油画棒。

活动过程

1. 带领幼儿玩"找五官"游戏。
(1)教师:小朋友们,我们一起来玩"找五官"游戏。伸出你的手,我说什么,你就指什么。(如眼睛、耳朵、鼻子、嘴巴、头发。)
(2)教师:男生和女生的头发一样吗?我的头发呢?
(3)教师小结:每个人的头发都不一样,有的长,有的短。
2. 带领幼儿欣赏妈妈的短发、长直发、短卷发、长卷发四种发型图。
教师:你最喜欢妈妈的哪种发型?
3. 鼓励幼儿尝试用合适的线条画妈妈的头发。
4. 作品欣赏与交流。

温馨提示

1. 小班幼儿画曲线时,对于手部肌肉的控制有些难度,教师应多加指导,多让幼儿练习。
2. 教师要多带幼儿玩认识五官的游戏,并学习在画画时合理布局五官。

春日里的毛毛虫

活动目标

1. 用手指进行创意点画,体会手指作画的乐趣。
2. 学习用擦手巾擦手,养成良好习惯。

活动准备

花园里的毛毛虫图片、音乐、颜料、擦手巾、绘画纸、棉签。

活动过程

1. 播放音乐。

教师:听,谁在唱歌呢?他们唱的是什么?

2. 出示花园里的毛毛虫图片。

教师:毛毛虫长什么样呢?它有哪些特征?

3. 示范用手指作画的方法和步骤。

4. 让幼儿用手指在纸上作画。

教师小结:先用手指蘸上你喜欢的颜料,在纸上印几个手指印,还可以换一种颜色,换一根手指。

5. 向幼儿出示棉签。

教师:别忘了毛毛虫的脸上也有眼睛、嘴巴哦,如果手指没法画,我们可以让棉签来帮忙。

6. 作品欣赏与交流。

温馨提示

1.对颜料的使用要求要明确、细致,让幼儿养成好习惯。

2.绘画时要向幼儿强调用手指点画,不要在画纸上揉擦。

小花被（一）

活动目标

1. 学会辨认颜色。
2. 使用油画棒画网格线。

活动准备

画纸、油画棒、调好的水粉颜料、花格子小被子的图片。

活动过程

1. 出示一张花格子小被子的图片,让幼儿观察并讨论这些被子上的网格线都是什么颜色的。

教师:被子上都有什么？是什么颜色的?

2. 出示水粉颜料盒,让幼儿辨色。

教师:我们也来画一条漂亮的被子。

3. 幼儿创作作品。

教师:让我们一起用油画棒来开车,横着跑一跑,竖着跑一跑,让不同颜色的油画棒都来试一试。

4. 作品欣赏与交流。

大家说说自己的小被子有哪些颜色。

温馨提示

1. 在这个活动中,教师要帮助幼儿辨认颜色。
2. 对于年龄小的和动手能力弱的孩子,活动评价以表扬和鼓励为主。

小花被(二)

活动目标

1. 学习将报纸压揉成纸团。
2. 尝试用纸团拓印圆形。

活动准备

幼儿已创作完成的小花被半成品、水粉颜料、裁好的报纸、印有小花的小花被图片。

活动过程

1. 出示一张印有小花的小花被图片,请幼儿观察,发现被子的不同。

(1)教师:我这里也有一条小花被,好看吗?小朋友们来看一下,这次做的小花被和上次做的小花被有什么不同?

(2)教师小结:小花被上多了许多彩色的小花。我们一起来给上次咱们画过的小花被印上花吧。

2. 示范制作过程。

(1)将报纸揉成小纸团。

(2)用小纸团蘸颜色,往小花被上拓印。

3. 幼儿自行创作作品。

4. 作品欣赏与交流。

大家说说谁的被子最美。

温馨提示

1. 纸团的大小要适中。
2. 色彩的选择不宜太多,选择红、黄、蓝、绿、白五色即可。

漂亮的手帕

活动目标

1. 学习用简单的印染技法来装饰手帕。
2. 通过印染小手帕,体验创造美的快乐。

活动准备

铺在桌子上的毛毡、颜料、如手帕大小的宣纸。

活动过程

1. 幼儿欣赏印染手帕,感受印染作品的美。

教师:今天老师给大家带来几块手帕,请大家说说手帕上面的颜色与花纹是什么样子的。

2. 请幼儿触摸宣纸,了解宣纸的特点。

教师:宣纸比较薄,很轻很软,颜色很容易被印在宣纸上。

3. 带领幼儿共同探讨宣纸小手帕的制作方法。

(1)教师:我们怎样把这薄薄的宣纸变成美丽的小手帕呢?说说你的好方法。

(2)教师小结:把宣纸仔细铺好。用小勺将稀释的颜色浇在宣纸上。

4. 幼儿创作,选择自己喜欢的色彩对手帕进行装饰。

5. 作品欣赏与交流。

找找自己喜欢的小手帕。

6.等幼儿的作品晾干后,教师进行装裱。

温馨提示

1.选择水彩颜料,以增强渲染的效果。

2.装裱的方法。

(1)将作品反放在玻璃上。

(2)用大刷子在作品背面刷胶水。

(3)在作品背面贴一张纸,边贴边用另一个大毛刷刷,将纸间的空气排除。

(4)在作品背面刷上厚一点的糨糊。

(5)将作品贴到木板上,待干后揭下,将四边裁去即可。

画中的故事

活动目标

1.尝试用线条和简单的形状创作抽象画。
2.学习用正确的姿式握画笔。

活动准备

米罗作品《太阳下的人和狗》,油画棒和画纸。

活动过程

1.出示米罗的作品《太阳下的人和狗》。
(1)幼儿观察作品,了解作品的绘画风格。
①教师:在米罗《太阳下的人和狗》这幅画中,人是怎么画的?狗是怎么画的?
②教师小结:画里的人和狗都是由不同的线条和简单的形状构成的。
(2)教师:你想用米罗的方法来作画吗?
2.幼儿创作作品,体验创作的乐趣。
鼓励幼儿用线条和简单的形状大胆想象、自由作画。
3.作品欣赏与交流。
鼓励幼儿为自己的作品命名,大胆表述画中的故事。

温馨提示

教师在课前可以向幼儿介绍一些关于形状和线条的知识。

踢踏舞会

活动目标

1. 能利用鞋底的花纹装饰布帘。
2. 初步尝试和同伴合作进行美术创作。

活动准备

废旧窗帘布、颜料、大号托盘、废旧白布、湿抹布、幼儿穿着鞋底带有花纹的鞋子。

活动过程

1. 出示几块窗帘布,让幼儿观察窗帘上的图案。

教师:窗帘上都有什么?它们有什么不一样?

2. 启发幼儿利用鞋底印花装饰布帘。

(1)出示废旧白布。

教师:你们看,我这有一块白布,谁能帮我想办法把它变成美丽的窗帘?

(2)幼儿讨论用鞋底印花的方法和技巧。

教师:你们的鞋底都藏着些什么?可以用它们来帮忙吗?鞋印总印在一个地方好看吗?

3. 幼儿分组创作作品,教师指导。

提醒幼儿可以在白布上印上不同花纹的鞋印。

4. 作品欣赏与交流。

找找自己喜欢的窗帘。

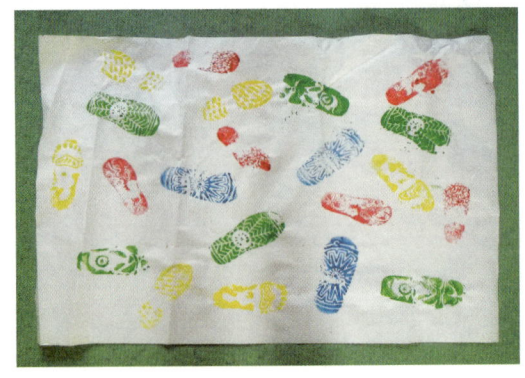

温馨提示

在给窗帘装饰花纹的过程中,教师提醒幼儿不要拥挤、互推,不要将鞋子上的颜料弄到其他地方,完成作品后应相互帮助把鞋子上的颜料擦干净。

走小路

活动目标

1. 大胆使用水粉颜料画出直线、弯线。
2. 认识绘画工具。

活动准备

水粉颜料、水粉笔、大画纸、音乐。

活动过程

1. 播放音乐,带领幼儿在教室内跟着音乐节奏走路。

（1）教师:我们来走一条直直的小路。

（2）教师:我们来走一条弯弯的小路。

2. 带领幼儿认识绘画工具。

（1）教师:小朋友,你们看,这是水粉笔宝宝,它也想走小路呢。可是它肚子饿了,要喝饱颜料才有力气走路。

（2）带领幼儿观察不同颜色的水粉颜料。

3. 师幼共同探索绘画方法。

（1）教师:画笔宝宝是怎么走小路的呢?

（2）请个别幼儿尝试。

（3）教师和幼儿一起用笔蘸不同的颜料在纸上走小路。提醒幼儿水粉笔宝宝可以走弯弯的路,也可以走直直的路。

4. 幼儿创作作品。

5. 作品欣赏与交流。

说一说自己最喜欢的作品。

温馨提示

1. 在调水粉颜色时不宜太稀薄,否则作品展示时会滴水。
2. 教师可以让幼儿多准备几支笔,每支笔只画一种颜色。

第一章 绘画

第二节 中班

绽放的花朵

活动目标

1.能用自己喜欢的颜色表现绽放的花朵。
2.敢于用不同色彩和画面来抒发自己内心的情感。

活动准备

记号笔、油画棒、画纸、绽放的花朵幻灯片、鲜花。

活动过程

1.出示一朵鲜花,请幼儿观察花朵的结构和形态。
(1)教师:小朋友们,你们知道这是什么花么？这朵花是由哪几个部分组成的？每个部分都是什么颜色的呢？
(2)教师小结:花朵的颜色有很多种,它们的形状也各不相同,有的像个球,有的像妈妈的卷发。很多鲜花都是由花瓣、花萼、花托、花蕊几个部分组成。
2.让幼儿观看绽放的花朵幻灯片,了解花朵的结构。
教师:这些绽放的花朵和老师手中的鲜花有哪些相同的地方？有哪些不同的地方？
3.幼儿创作作品,教师巡回指导。
(1)用自己喜欢的颜色表现绽放的花。
(2)教师:提醒幼儿绽放的花瓣是一层一层重叠的,需要将绽放的花朵画满整张纸。
4.作品欣赏与交流。

温馨提示

　　花朵层层开放的结构对于幼儿绘画来说是个难点,所以教师要先向幼儿介绍花朵的结构。

蝶儿飞飞

活动目标

1. 尝试用棉签勾勒出蝴蝶双翅的对称花纹。
2. 在涂涂玩玩中感受花纹的对称美。

活动准备

画有蝴蝶轮廓的绘画纸、各色颜料、棉签、蝴蝶图片。

活动过程

1. 带领幼儿观看蝴蝶图片,感受蝴蝶美丽的花纹,发现对称美。

(1)教师:蝴蝶什么地方最美?为什么?

(2)幼儿自由探索蝴蝶翅膀花纹的对称美。

①教师:你们觉得蝴蝶翅膀上的花纹有什么特别的地方吗?

②教师小结:蝴蝶两边翅膀的花纹和颜色完全相同,只是方向相反,这是一种对称美。

2. 出示画有蝴蝶轮廓的绘画纸和各种绘画材料。

教师:老师这有棉棒和颜料。我们可以怎样去画一只美丽的蝴蝶呢?

3. 幼儿自由讨论怎样画出蝴蝶翅膀上对称的花纹。

教师小结:先用棉签画出蝴蝶一边的翅膀,再用棉签画另一边翅膀并在翅膀上画颜色和花纹。

4. 鼓励幼儿大胆创作,画出蝴蝶颜色的对称美。

提醒幼儿用棉签涂色时不要混色。

5. 作品欣赏与交流。

温馨提示

1.教师可引导幼儿用折叠印画的方法表现蝴蝶翅膀的对称美,以降低作画难度。
2.教师画的蝴蝶两翼要对称,并在画纸上折好折痕。

熊 猫

活动目标

1.了解大熊猫的外形特征和生活习性。
2.尝试画出不同形态的大熊猫,并添画出大熊猫的居住环境。

活动准备

大熊猫图片、熊猫日常生活小视频、记号笔、油画棒、画纸。

活动过程

1.出示大熊猫图片,请幼儿观察并讲述大熊猫的外形特征。
(1)教师:大熊猫长什么样子?
(2)教师小结:大熊猫身体比较肥胖,四肢粗壮。皮毛黑白分明,四肢、肩部和耳朵是黑色的,眼睛周围也有黑毛,其余的毛发都是白色。大熊猫生活在山林中,喜欢吃竹叶和竹笋,是国家一级保护动物。
2.带领幼儿观看大熊猫生活小视频,了解大熊猫的生活习性。
3.鼓励幼儿尝试画出不同形态的大熊猫,并添画出大熊猫的居住环境。
(1)鼓励幼儿画出大熊猫的轮廓。
(2)教师:请用自己的方法把大熊猫的生活环境描绘出来。
4.作品欣赏与交流。

温馨提示

　　熊猫是中国的"国宝"。教师可以借此活动激发幼儿对熊猫的兴趣,让幼儿充分了解大熊猫,增强幼儿保护动物、爱护动物的意识。

创意笑脸

活动目标

1. 观察人在大笑时面部五官发生的变化。
2. 尝试合理构图,将脸部轮廓画满整个画面。
3. 尝试用夸张的手法画出大笑的人脸。

活动准备

不同国家小朋友笑脸图片、小镜子、记号笔、油画棒。

活动过程

1. 带领幼儿观看不同国家小朋友的笑脸图片,初步感受人们大笑时的面部表情。

(1)教师:当你们遇到高兴的事时,你们的表情是什么样的?(让幼儿说一说,做一做。)

(2)出示不同国家小朋友的笑脸图片,让幼儿细致观察和讨论。

教师:看看图片里的小朋友,他们的表情是什么样子的?

(3)幼儿描述大笑时面部表情的明显特征。

教师小结:很多人在大笑时,嘴巴咧得很大,露出了牙齿,眼睛也眯成了一条线。

2. 幼儿做游戏,观察同伴大笑时面部五官发生的变化。

(1)教师:和你的好朋友做"挠痒痒"的游戏,看看同伴大笑的样子。

(2)看看自己的笑脸。

(3)教师:请小朋友们拿出镜子,看看自己大笑的样子吧。

3. 幼儿尝试画笑脸。

教师:大家想不想把同伴的笑脸画出来?我想看看谁画得最好?

4. 作品欣赏与交流。

温馨提示

1.教师也可以让孩子画出自己大笑时的样子。

2.幼儿可以把自己的作品送给同伴欣赏。

可爱的牛

活动目标

1. 细心观察牛的身体结构和外形特征,找出牛与其他动物的不同。
2. 尝试描绘各种形态的牛,并能为自己的画添上相关的背景。

活动准备

不同形态的牛的图片、记号笔、画纸。

活动过程

1. 情境导入。

(1)教师:牛牛小朋友快过生日了,他的好朋友天天想送一份礼物给牛牛,送什么呢？天天想,买的礼物没有意义,我还是自己画一幅漂亮的画送给牛牛吧！牛牛属牛,我就画一幅可爱的牛送给他吧！

(2)调动幼儿绘画的积极性。

教师:小朋友们,天天画不好牛,我们一起帮助天天吧！

2. 出示不同形态的牛的图片,让幼儿观察牛的外形特征。

(1)教师:大家看图片上是什么？谁能描述它的样子？

(2)幼儿相互讨论牛的外形特征。

3. 探讨牛的绘画方法。

教师小结:先画牛的大鼻子,鼻子上面画牛脸,从上到下来添加,头顶画牛角,牛耳分两边,眼睛瞪得大,哞哞叫得欢。牛的样貌各不相同,有的头是梯形的,有的头是圆形的,有的头是三角形的,就连它们的角、眼睛、姿态也都不一样。

4. 幼儿创作作品。

鼓励幼儿大胆想象,添画与牛相关的背景(如草地、花等)。

5. 作品欣赏与交流。

教师:小朋友们真能干！天天谢谢大家的帮助,我们一起去给牛牛过生日吧。

温馨提示

教师可提醒幼儿用简单图形来表现牛的外形特征。

威武的老虎

活动目标

1.了解老虎的身体结构和外形特征。
2.画虎时,能选择合适的颜色表现老虎花纹。

活动准备

记号笔、油画棒、画纸、老虎图片。

活动过程

1.导入游戏:猜谜。

(1)教师:我们来玩个猜谜游戏,看看它是谁?(身穿黄袍带黑杠,大叫一声震山冈,不吃粮食光吃肉,人称它是兽中王。)

(2)幼儿描述自己对老虎的认识。

2.观看图片,找出老虎的五官及其特点。

教师小结:老虎有着圆圆的脑袋,短短的耳朵,黑色的花纹,额头上还有一个"王"字,嘴巴张开,会露出锋利的牙齿。

3.幼儿分组探索老虎的画法。

(1)教师:我们怎样才能画出老虎威武、凶猛的样子?

(2)教师小结:可以在老虎圆圆的大脑袋上,画出它张大嘴巴、露出尖尖牙齿的样子。老虎的牙齿可以画成锯齿状。

4.幼儿创作作品。

鼓励幼儿大胆想象,画出不同表情的老虎,并用合适的颜色表现老虎的花纹。

5.作品欣赏与交流。

教师:你最喜欢哪只老虎?为什么?

温馨提示

1. 认真观察和分析老虎的特点,对绘画更有利。
2. 教师可以在幼儿绘画时向其展示老虎的图片,辅助幼儿绘画。

光芒万丈的太阳

活动目标

1.了解太阳是个燃烧的大火球。
2.尝试用不同的线条表现太阳的光和热。
3.根据太阳的特征大胆想象,创作富有个性的太阳。

活动准备

太阳的图片、记号笔、彩色卡纸。

活动过程

1.出示太阳的图片,请幼儿说说太阳的特征。

教师:太阳天天和我们见面,太阳长什么样子？它有哪些特征?

2.幼儿自由讨论画太阳的方法。

(1)启发幼儿尝试用线条表现太阳的光和热。

(2)教师:太阳就像个大火球,它能够为我们提供许多光和热,那我们能否用线条来表现太阳的光芒呢?

(3)幼儿分组讨论线条画法。

(4)请个别幼儿尝试画太阳,并大胆表述所用方法。

(5)教师小结:画个大圆表示太阳,再用直线、波浪线、螺旋线等不同的线条来画太阳的光芒。

3.幼儿绘画,教师巡回指导。

4.作品欣赏与交流。

> **温馨提示**

1.太阳给万物带来生长的能量。了解了太阳的特征,能够丰富孩子的认知,鼓励幼儿用自己独特的方法来表现太阳的光和热。

2.教师可以给幼儿听一些节奏感较强的音乐,作为创作的背景音乐。

快乐的小鸟

活动目标

1. 观察砂纸的特点,尝试在砂纸上涂各种颜色。
2. 能合理构图,大胆表现小鸟的身体结构和特点。

活动准备

油画棒、砂纸、各种鸟的图片。

活动过程

1. 出示几张小鸟的图片,观察小鸟的身体结构和羽毛颜色。

(1)教师:你们能说说小鸟的身体是由哪些部分构成的吗?

(2)观察小鸟身上羽毛的颜色、花纹。

教师:这些小鸟的羽毛一样吗?你发现有什么不同?

2. 出示不同种类的砂纸,让幼儿感受砂纸的特点,探索在砂纸上绘画的方法。

(1)教师:今天,老师给你们带来了一些特殊的画纸。你们认识吗?

(2)讨论:我们应该怎样在砂纸上画画呢?

(3)教师小结:砂纸底色深、粗糙,上面有小砂砾,我们在上面作画时要用力,我们还可以用油画棒涂色来装饰小鸟身上的花纹。

3. 幼儿创作作品,教师指导。

提醒幼儿先想好整个作品的布局再作画。

4. 作品欣赏与交流。

温馨提示

1.向幼儿介绍多种多样的绘画形式,丰富幼儿对艺术的感知。

2.可以让幼儿先用白色的油画棒打底,再涂红色、蓝色、绿色等颜色。

缤纷夜上海

活动目标

1.了解刮蜡画的特点,尝试用刮蜡画的基本技法创作刮蜡画。
2.学习用签棒刮画,大胆表现"夜上海"的城市特点。

活动准备

上海夜景图、绘画背景音乐、刮蜡纸、小竹签。

活动过程

1.出示上海夜景图,让幼儿感受夜晚城市的色彩美。
(1)幼儿自由讨论上海夜景图中最漂亮的地方在哪里。
(2)教师:上海的夜晚是什么样子的?
(3)教师小结:夜晚的上海在不同灯光的照射下五颜六色、绚丽多彩。
2.幼儿自由探索刮蜡画的创作方法。
(1)感受刮蜡纸的特点。
①教师:瞧,老师这里有一张纸,你们能看出它和平常的纸有什么不同吗?
②教师小结:刮蜡纸的表面是黑色的,而里面的底色很鲜艳,我们需要小竹签来帮忙,在黑色的那面上刮出各种图案。
(2)幼儿讨论用刮蜡纸作画的方法。
(3)示范刮蜡画的绘画步骤并提醒幼儿在绘画时需要注意的问题。
教师小结:绘画前,我们可以先刮画房子的整体结构,再刮画其他背景。
3.播放背景音乐,幼儿创作作品。
(1)提醒幼儿注意使用小竹签时的安全。
(2)告诉幼儿构图时可以参考上海夜景图片布局进行创作。
4.作品欣赏与交流。

温馨提示

1. 选择带彩色底纹的刮蜡纸。
2. 用竹签刮画时,力量要适中,不能太重也不能太轻。

第一章 绘画

第三节 大班

如果我有双翅膀

活动目标

1. 想象要在天空中飞翔需要具备哪些条件。
2. 围绕主题展开想象并进行大胆创作,体验创作的快乐。

活动准备

天使、鸟类或飞机的图片。

活动过程

1. 出示图片,探索在天空中飞翔的必要条件。
（1）丰富幼儿生活经验,了解关于飞行的一些知识。
（2）教师:你们知道哪些动物会飞吗？它们为什么能飞呢？
2. 引导幼儿展开想象,如果人能飞,他有什么样的动作特征。
（1）教师:你们想象过自己可以飞翔吗？飞行和站立,身体动作有什么不一样？
（2）教师:如果你有一双翅膀,你想去做什么？在天空中你能看到什么？
3. 幼儿创造作品。
指导幼儿把自己画在中心位置,启发幼儿想象自己在天空中飞翔时看到的景色,丰富画面背景。
4. 作品欣赏与交流。
幼儿互相讲述自己的作品所表达的故事。

温馨提示

1. 提醒幼儿注意绘画中翅膀的对称关系。
2. 可让幼儿尝试用剪贴画的方式进行创作。

我的老师

活动目标

1. 比较不同老师的外形特征,大胆表达自己对老师外形特征的认识。
2. 能够合理构图,把握人的身体比例。
3. 通过画老师,表达对老师的情感。

活动准备

班级老师的证件照片、油画棒、记号笔。

活动过程

1. 导入活动——游戏"猜猜这是谁"。

教师:今天老师和大家一起玩个游戏,游戏的名字叫"猜猜这是谁"。老师来介绍我们班里某位老师的特点,请大家来猜猜这位老师是谁。

2. 引导幼儿通过观察老师的证件照片,发现老师的特征。

(1)教师:刚才小朋友一下子就猜出来我说的是××老师。我带来了另一位老师的照片,你们看看,两位老师有哪些不一样的地方?

(2)幼儿讨论后大胆发言。引导幼儿从老师的脸型、五官、发型等方面发现两位老师的不同。

3. 师幼共同探讨给老师画像的方法。

(1)教师:请小朋友帮忙给老师画张像。

(2)教师:想一想,你准备画哪位老师?她长得什么样?脸型是什么样子的?五官有什么特点?留着什么样的发型?

(3)教师提出要求。

教师:可以把老师的头画得大一些,大胆表现出这位老师的特点,也可以添画些背景。

4. 幼儿创作作品。

5. 作品欣赏与交流。

(1)师幼共同布置"老师的画像"展示板。

(2)幼儿向同伴介绍自己所画的老师。

🟣 **温馨提示**

  教师可以让幼儿画家人或好朋友。

米老鼠

活动目标

1. 尝试用夸张变形的手法表现米老鼠可爱有趣的形象。
2. 了解添画的基本方法,能围绕主题大胆添画。

活动准备

老鼠和米老鼠图片、画纸、记号笔、油画棒。

活动过程

1. 出示老鼠和米老鼠图片,将老鼠和米老鼠的形象进行对比。

教师:图片上是谁呀?它们长得有什么不同?

2. 介绍米老鼠的由来,感知米老鼠的夸张变形,喜欢米老鼠的形象。

教师:在迪斯尼早期的《米老鼠》连环漫画中,米老鼠是一只专爱在粮仓周围搞恶作剧的小老鼠。你们能说说在哪些地方看到过它吗?

3. 观察米老鼠可爱的外形,了解米老鼠的形象。

(1)教师:你看到的米老鼠是什么样子的?米老鼠的头部有什么特点?

(2)师幼共同总结米老鼠的特征。

(3)教师小结:四大:大鼻子、大耳朵、大手、大脚。三细:细手臂、细腿、细尾巴。姿态:站立。

4. 尝试将米老鼠形象进行夸张变形。

(1)教师:我们有什么好方法把老鼠画得既可爱又漂亮呢?

(2)幼儿分组讨论,并表述自己的想法。

(3)教师小结:可以通过对动物形象的夸张化和拟人化,使原来不太可爱、不太漂亮的动物,变得可爱、有趣,令大家都喜欢。

5. 幼儿创作作品,教师适时予以指导。

(1)重点指导幼儿画米老鼠的头部特征。

(2)尝试给米老鼠设计不同的服饰造型。

(3)在画面的空白处添画,比如圈圈、小花和太阳等。

6.作品欣赏与交流。

温馨提示

　　夸张、逗笑的事物,幼儿非常感兴趣,教师可以在诙谐的气氛中培养孩子绘画的兴趣。

缤纷的色彩

活动目标

1. 能大胆运用颜料作画,感受颜色变化带来的乐趣。
2. 提高发散思维能力和审美能力。

活动准备

水粉颜料、水粉笔、调色盒、抹布、水桶、画纸。

活动过程

1. 认识水粉工具。

教师:看看桌子上有什么?(颜料、笔、调色盒、抹布、水桶)这些都是我们画画的工具。

2. 示范正确的握笔姿势,请幼儿试一试。

3. 出示调色盒,带领幼儿认识其中的不同色彩。

教师小结:用完一种色彩后要把笔洗干净,再用第二种颜色。

4. 幼儿积极思考绘画主题,用自己喜欢的方式作画。

5. 幼儿创作作品,教师指导。

6. 作品欣赏与交流。

温馨提示

为幼儿创设一个宽松自由的创作环境,可以减轻他们的心理压力,更好地投入活动中。

画格子

活动目标

1. 欣赏蒙德里安的作品,观看其中的线条和色块,领略格子画的特点及含义。
2. 大胆运用色彩,用不同的图形和自己喜欢的色彩作画。

活动准备

蒙德里安的画、水粉颜料、排笔、画纸。

活动过程

1. 介绍画家蒙德里安。

(1)教师:大画家也会画简单的画。今天就向你们介绍一位画家,他的名字叫蒙德里安,是一名荷兰画家。他的画作有着非常鲜明的特点,他喜欢用几何图形来作画。

(2)观察格子构图,说一说格子的特征。

①教师:你们看到图画上都有什么?这幅画上有哪几种颜色?

②教师小结:这些有颜色的正方形、长方形叫"色块",它们都是由线条和颜色组成的。

2. 探索画法。

(1)幼儿由蒙德里安的画引发思考。

教师:这幅画是怎么画出来的?

(2)幼儿分组讨论。

(3)幼儿表述自己的讨论结果。

教师小结:先用一种颜色画格子,再在格子里涂上自己喜欢的颜色。

3. 幼儿创作作品。

鼓励幼儿大胆调配自己喜欢的色彩。

4. 作品欣赏与交流。

展示幼儿作品,鼓励幼儿互相介绍自己使用的色彩。

> **温馨提示**

　　1.启发幼儿用几何图形作画。

　　2.启发幼儿思考绘画的步骤,而不是由教师直接介绍绘画方法,以增强幼儿的自信心和对绘画的兴趣。

仙人掌

活动目标

1.尝试实物写生,大胆使用色彩。
2.敢用夸张的手法表现仙人掌的外形特征。

活动准备

仙人掌盆栽若干、水粉颜料、排笔、画纸。

活动过程

1.观赏不同形态的仙人掌。

(1)教师:今天有几盆仙人掌来我们班做客了,让我们来看看它们有哪些特点呢?

(2)幼儿相互讨论仙人掌的特点。

教师小结:仙人掌的身体是一块块像小手掌一样扁平的状茎,像叠罗汉一样地连在一起,上面长满硬刺。

(3)幼儿观察仙人掌的颜色。

教师:仙人掌的绿色是深浅一样的吗?

2.观察花盆的形状及其上面的图案,鼓励幼儿自由创作花盆上的图案。

3.幼儿创作作品。

(1)思考如何调配出深浅不同的绿色。

(2)鼓励幼儿用水粉颜料在花盆上作画,以装饰花盆,并注意背景的色彩要和仙人掌相适应。

4.作品欣赏与交流。

集中展示幼儿的作品,注意引导幼儿从画面的色彩、造型和构图三方面简单评价同伴的作品。

温馨提示

1. 注意培养幼儿对事物的细致观察能力。
2. 引导幼儿用自己独特的眼光给仙人掌调色,将自己感受的美用创作的方式表现出来。

多彩青花瓷

活动目标

1.学习用不同的线条和图形来设计和装饰青花瓷。
2.尝试利用多种材料进行创作。
3.丰富民俗知识,增强对中国传统民俗文化的喜爱之情。

活动准备

青花瓷图片、白水粉颜料、青水粉颜料、排笔、调色盘、抹布、水桶、硬纸板"旗袍"、瓶子、一次性纸盘。

活动过程

1.出示青花瓷图片,了解青花瓷图纹特征。
(1)向幼儿介绍青花瓷的由来和价值。
教师:青花瓷又称"白地青花瓷",是中国瓷器的重要品种之一,青花瓷产生于唐代,它把国画和精美的瓷器相结合,具有很高的艺术价值。
(2)幼儿自主探索青花瓷的形态特征。
教师:青花瓷只有青、白两种颜色,它的图案排列是有一定规律的。比如瓶口和瓶底一般用一些小花纹重复装饰,中间的图案相对大一些,构成主图。
2.引导幼儿大胆思考,探索绘画方法。
(1)引导幼儿认识绘画工具。
教师:我们需要用哪些绘画工具来画青花瓷呢?
(2)幼儿分组讨论绘制步骤。
教师小结:先绘制青花瓷的底部,再在外围用不同的线条进行装饰。
3.幼儿自选材料,进行青花瓷图案绘制。
(1)提醒幼儿在设计青花瓷图案的时候要掌握构图规律。
(2)鼓励幼儿选取多种图案进行绘画。
4.作品欣赏与交流。
教师与幼儿一起布置青花瓷作品展。

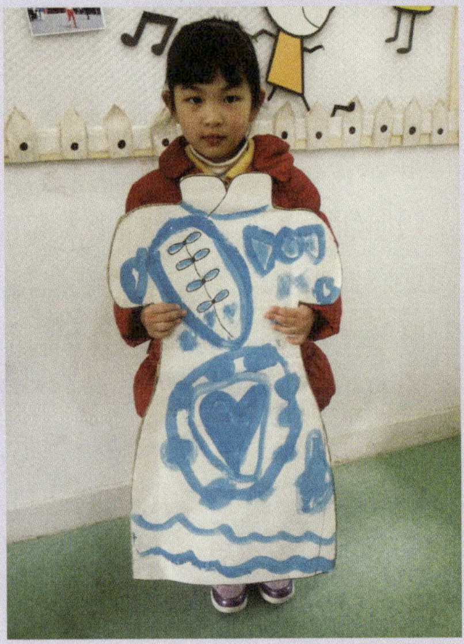

温馨提示

1.青花瓷的设计都有着隐含的寓意或独特的视角,教师可以在课堂活动中带领幼儿了解青花瓷在我们日常生活中的用途。

2.通过创作让幼儿更多地了解中国文化。

美丽的吸管画

活动目标

1.用吸管吹画出多种颜色的图案。

2.根据自己的吹画进行大胆想象。

活动准备

各类创意绘画作品、吸管、各色颜料、绘画纸、油画棒。

活动过程

1.出示创意画,初步感受吹画带来的乐趣。

(1)教师:今天,老师给你们准备了一些神奇的绘画作品,我们一起来看一看吧。

(2)鼓励幼儿大胆说出自己的感受。

2.介绍绘画工具,探索画法。

(1)教师:这些是什么?我们可以怎样用吸管来画画呢?

(2)教师小结:在使用吸管的时候要注意安全,必须用咬住吸管往外吹的方式作画,不能往里吸,不要让吸管扎到自己。还要注意使用吸管时的卫生问题,不要交叉使用或将吸管放在桌面上。

(3)激发幼儿大胆创作和想象。

教师:用吸管吹画后,你们可以请油画棒帮忙,让你的作品变得更特别、更美丽。

3.幼儿创作,教师巡回指导。

4.作品欣赏与交流。

教师:谁来和我们分享你画中的故事?

温馨提示

1.教师可以准备一张大纸,供多名幼儿同时吹画。注意场地不能限制幼儿行动。
2.提醒幼儿注意吸管的使用安全和卫生。

马

活动目标

1. 通过观察,了解马的外形特征。
2. 用水粉画表现马的轮廓特征。

活动准备

水粉画笔、颜料、画纸、马的图片。

活动过程

1. 出示图片,请幼儿观察马的外形。

(1)教师:马的头和脸是什么形状的?马的身体是什么样子的?马脖子上有什么啊?尾巴是什么样的?像什么?

(2)请个别幼儿尝试用语言概括马的外形特征。

教师小结:马由头、躯干、四肢和尾组成。它头的形状近似长方形,脖子连接头和胸腔,身体是椭圆形的,马尾毛很长。

2. 幼儿讨论绘画步骤。

教师小结:可以先从马的身体画起或从马头画起,选择一种形态的马进行创作。

3. 幼儿创作作品。

(1)提示幼儿注意绘画的步骤,鼓励幼儿画出不同形态的马。

(2)用大号的水粉笔填涂背景色。

4. 作品欣赏与交流。

带领幼儿欣赏画面中运用的色彩,感受不同的画面构图。

温馨提示

　　教师可以在孩子绘画时给予帮助,提醒幼儿把马头画在画纸的偏左或是偏右的位置。

冰棒棍小人

活动目标

1. 尝试利用废旧物品——冰棒棍制作和装饰出与众不同的玩偶小人。
2. 能根据自己的想象，大胆进行个性创作。

活动准备

卡纸、冰棒棍、记号笔、毛根、油画棒、剪刀、固体胶、卡通形象图片。

活动过程

1. 出示卡通形象图片，让小朋友辨认。

（1）教师：你们看，他们都是谁啊？你们最喜欢谁呢？为什么喜欢他/她？

（2）鼓励幼儿大胆说出自己的想法。

2. 观察卡通形象的外形特征，找出卡通形象的特点。

（1）教师：你喜欢的卡通形象是什么样子的？有哪些特征呢？

（2）启发幼儿思考画卡通人物时的颜色搭配。

教师：你喜欢的卡通人物平时都穿什么样式的衣服？是什么颜色的？什么发型？头发是什么颜色的？

3. 师幼共同讨论卡通人物的制作方法。

（1）教师：今天老师带来了冰棒棍，想请你们用冰棒棍来做个你自己喜欢的卡通人物，应该怎么做呢？

（2）请个别幼儿说一说制作步骤。

（3）教师小结：可以在冰棒棍上直接画卡通人物的躯干部分，用毛根做四肢；也可以在纸上画好，剪下来贴在冰棒棍上。

4. 鼓励幼儿根据自己观察到的内容，大胆创作。

5. 作品欣赏与交流。

教师：说说在这些作品中你最喜欢哪个？为什么？

温馨提示

1.可以将多个人物的形象特征相结合,制作富有个性的作品。

2.卡通人物的制作不仅可以运用彩纸来进行,还可以直接在冰棒棍上进行创作,然后稍加装饰即可。

第二章 手工

第一节 小班

图形宝宝爱运动

活动目标

1.尝试撕出正方形宝宝。
2.欣赏图形宝宝的动态,为图形宝宝添画眼睛、嘴巴和手指。

活动准备

彩色美工纸、固体胶、记号笔、白色卡纸、正方形宝宝运动图一幅。

活动过程

1.模仿图形宝宝的不同动作,感受动作变化带来的乐趣。

(1)出示正方形宝宝运动图。

教师:这些正方形宝宝都来参加运动会啦!大家来看看它们在做什么运动?

(2)邀请幼儿一起学一学正方形宝宝的动作。

2.师幼共同讨论正方形宝宝的形状特点。

(1)教师:正方形宝宝是什么形状的?

(2)教师小结:有四个方方的角,四条差不多长的边。

3.幼儿尝试用美工纸撕正方形。

教师小结:在撕正方形宝宝的时候四条边要差不多长,撕到角的时候要注意拐弯。

4.幼儿尝试将撕好的正方形宝宝贴在白色卡纸上。

5.给正方形宝宝添画表情。

(1)鼓励幼儿充分发挥自己的想象,使自己的作品和别人的不一样。

教师:你的图形宝宝在干什么?它们的眼睛是什么样的?嘴巴是什么样的?小手和小脚是什么样的?

(2)幼儿用记号笔添画图形宝宝的五官和小手小脚。

6.作品欣赏与交流。

温馨提示

教师要使用儿童化的语言讲解要点,鼓励每一位幼儿动手操作。

圆圆的月饼

活动目标

1.了解月饼的来历和寓意。

2.尝试制作不同寓意的月饼,并用模具印出花纹。

活动准备

不同花纹的月饼图片、有花纹的月饼实物、橡皮泥、泥工板、制作月饼模具。

活动过程

1.带领幼儿欣赏月饼图片,了解有关于月饼的小知识。

(1)教师:这是什么?你们知道在什么节日我们会吃月饼吗?

(2)教师小结:农历八月十五是中国的传统节日——中秋节。在这天,每个家庭都团聚在一起,一家人共同观赏象征团圆。圆圆的月饼就像中秋节晚上圆圆的月亮,蕴含着一家人相亲相爱在一起团圆的美好寓意。月饼有很多种味道,不同味道的月饼上的花纹也不尽相同。

2.出示制作材料,幼儿讨论月饼的制作方法。

教师:能用橡皮泥做出月饼来吗?用什么方法能把月饼变得更漂亮呢?

3.示范制作月饼。

(1)把一块橡皮泥搓成圆饼状。

(2)用模具把橡皮泥搓成的圆饼压扁成月饼的形状。

(3)将不同颜色的橡皮泥搓成小圆球,用来装饰月饼。

4.鼓励幼儿用不同的模具制作月饼。

5.作品欣赏与交流。

教师集中展示幼儿的作品,幼儿欣赏。

 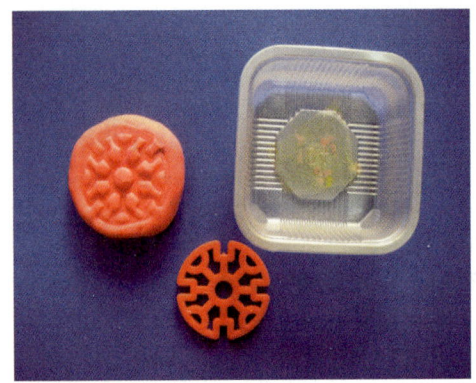

温馨提示

可以让幼儿参与模具的收集活动,提高幼儿的积极性。

小　鸡

活动目标

1. 学习用橡皮泥揉团、连接的方法塑造小鸡。
2. 大胆体验泥工活动。

活动准备

音乐、泥工板、橡皮泥、红豆、绿豆。

活动过程

1. 游戏《我们来跳舞》。

（1）教师扮演鸡妈妈,幼儿扮演小鸡。大家伴随音乐《小小蛋儿把门开》在教室的中央跳舞。

（2）教师:孩子们,今天天气好,我们去草地上跳舞、捉虫子吧。

2. 幼儿讲述小鸡的外形特征。

（1）教师:我的鸡宝宝们,谁能夸夸自己美丽的样子?

（2）教幼儿儿歌《小小鸡》,概括小鸡的基本特征。

教师:小鸡小鸡叽叽叽,嘴巴尖尖毛茸茸。黄黄身体胖乎乎,爱吃虫子和小米。

3. 幼儿自由探索怎样用橡皮泥制作小鸡。

教师:可爱的小鸡们,我们怎样用橡皮泥捏出小鸡呢?

4. 示范讲解小鸡制作方法。(附制作过程图)

图一　用手掌将大块橡皮泥揉圆,拼出圆圆的身体;将小块橡皮泥揉圆,作为小鸡圆圆的头。

图二　将小鸡的头轻轻地连接在小鸡的身体上。

图三 将黄色的橡皮泥捏成尖尖的三角形,作为小鸡的嘴巴;找两粒豆子作为小鸡的眼睛。

图四 在小鸡头的两边分别嵌上一粒豆子作为眼睛;将小鸡的嘴巴粘在小鸡的头上。

5.幼儿开始手工制作,鼓励幼儿大胆地进行泥工活动。

6.作品欣赏与交流。

温馨提示

在幼儿操作时,教师要不时讲述制作要点,引导幼儿制作。

孔雀开屏

活动目标

1. 学习画孔雀的身体。
2. 根据孔雀开屏的形态进行撕贴。

活动准备

孔雀开屏图片、各色彩纸、胶水、画好孔雀头的画纸。

活动过程

1. 出示图片,观察孔雀开屏的形态。

教师:小朋友们看看它是谁?谁能描绘一下它的样子?

2. 尝试画孔雀身体。

教师小结:孔雀的身体就像小鸭子,我们可以写一个大大的2和一个小小的2,把它们连在一起,画上眼睛、美丽的皇冠和细细的脚就可以啦。

3. 出示画纸,激发幼儿的操作热情。

(1)教师:谁能说一说孔雀美丽的尾巴是用什么做的呢?我们该怎样用这些材料让孔雀开屏呢?

(2)幼儿大胆想象、思考。

(3)教师小结:我们可以把彩纸撕成细细长长的纸条,作为孔雀的美丽的屏。

4. 幼儿尝试操作。

教师:还可以给孔雀的羽毛加上些美丽的花纹哦。

5. 选出几份设计独特的作品和幼儿一起交流。

教师:小朋友来评一评,谁做的孔雀更美丽?

温馨提示

幼儿回家后也可以和家长一起了解孔雀及孔雀开屏的更多知识。

美丽的小船

活动目标

1. 感知图形之间的组合关系。
2. 发挥想象力和创造力,用自己喜欢的方式装饰画面。

活动准备

海轮的图片、彩纸、画纸、固体胶、水彩笔。

活动过程

1. 出示海轮的图片,让幼儿观察。

(1)教师:这是哪里?你看见了什么?

(2)教师:轮船是什么样子的?船身上有什么?

2. 示范折纸、粘贴过程。(附制作过程图)

图一　选一张正方形彩纸。　　图二　将正方形彩纸对折成三角形。　　图三　将长边的一角上折。

图四　用蓝色彩纸撕出海浪。　　图五　用固体胶把海浪粘在白色绘画纸上,把轮船粘上去。

3.幼儿操作,教师巡回指导。

教师提醒幼儿大胆绘画,细致构图。

温馨提示

若在制作中加入故事背景,幼儿对操作的目标将更明确,积极性更高。

送给妈妈的手镯

活动目标

1. 尝试用废旧纸环制作手镯。
2. 体验手工制作的乐趣,发掘废旧物的妙用。

活动准备

橡皮泥、废旧双面胶纸环、手镯图片。

活动过程

1. 出示手镯图片。

(1)教师:这是什么？大家觉得它好看吗？

(2)教师:你看到的手镯是什么形状的？上面都有些什么？

2. 幼儿自由探索用橡皮泥装饰手镯的方法。

(1)带领幼儿认识操作材料。

(2)分小组讨论手镯的制作方法。

教师:你们想自己亲手做一个手镯来送给妈妈吗？该怎么做呢？

(3)请个别幼儿尝试用橡皮泥装饰的方法。

教师:让我们先用废旧纸环做出一个和妈妈手腕粗细相同的圆环。那么,上面的装饰我们要怎么做呢？

(4)教师小结:首先,我们选择一张彩纸,沿着纸环缠绕,初步装饰纸环。接下来,用橡皮泥捏出自己设计的样子,再将做好的橡皮泥装饰黏在纸环上,美丽的手镯就设计完成啦。

3. 幼儿操作,教师巡回指导。

鼓励幼儿大胆动手,积极创作。

4. 作品欣赏与交流。

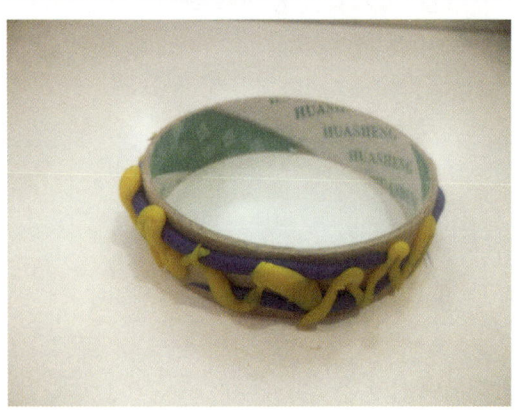
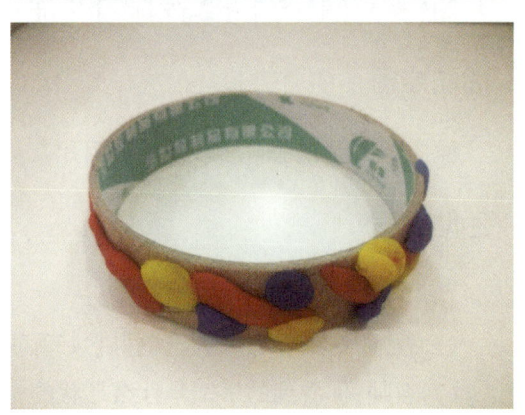

温馨提示

1.选择橡皮泥当装饰材料更适合幼儿操作。

2.幼儿还可以选择剪贴画或其他创作方式来装饰手镯。

3.教师带领幼儿一起收集废旧物品,让幼儿充分参与活动。

瓶娃娃

活动目标

1. 学会用撕贴、剪贴的方法装饰塑料瓶。
2. 学会用正确的方法使用剪刀。

活动准备

空塑料瓶、不同颜色的即时贴、皱纹纸、水彩笔、剪刀、双面胶。

活动过程

1. 出示一个塑料瓶子。

教师:这个塑料瓶是什么颜色的?我们来给它做件衣服吧,把它变得更漂亮。

2. 幼儿自由讨论装饰瓶娃娃的方法。

(1)带领幼儿认识操作材料。

(2)教师:你会用哪些材料来装饰瓶娃娃呢?

3. 幼儿装饰瓶娃娃。

(1)鼓励幼儿尝试用各种方法将彩色皱纹纸粘贴到瓶身上,撕贴、剪贴均可。

(2)引导幼儿正确使用剪刀裁剪皱纹纸并将它粘贴到瓶子上。

4. 作品制作过程。(附制作过程图)

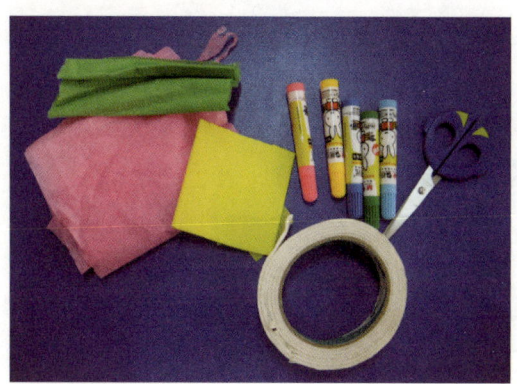

图一　准备的材料:皱纹纸、水彩笔、剪刀、双面胶。

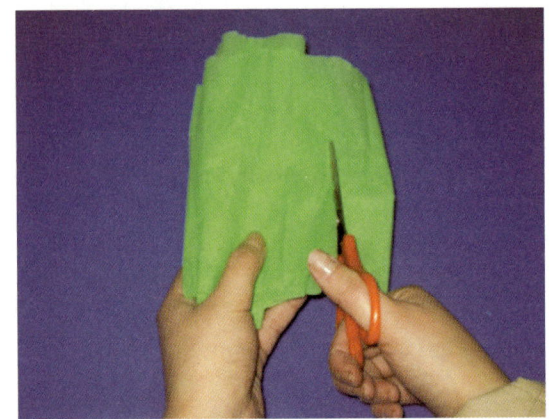

图二　用剪刀将皱纹纸剪出各种图案。

图三　用各种图案的皱纹纸根据自己的想象装饰塑料瓶。

5.作品欣赏与交流。

和幼儿一起布置瓶娃娃展示会,幼儿欣赏自己装饰的花瓶。

温馨提示

1.使用剪刀时应注意安全,使用后要放好。

2.教师可以把装饰好的瓶娃娃放在活动室的一角。

牙齿刷得白又美

活动目标

1.尝试用撕、贴的方法制作小牙刷。
2.学习用棉棒蘸胶水进行粘贴。

活动准备

牙刷实物、绘画纸、胶水、棉签、彩纸。

活动过程

1.出示牙刷,让幼儿观察牙刷上的毛。
(1)教师:这是什么?大家知不知道它是用来做什么的?
(2)教师:牙刷的什么部位最能清洁保护我们的牙齿?
2.出示画纸,幼儿自由讨论牙刷的制作方法。

教师小结:小朋友先用彩纸将牙刷柄制作好,用彩纸撕出长短相同的纸条作牙刷毛,将牙刷的毛粘贴上,牙刷的毛要一样长、一样细。

3.幼儿自己制作,教师适时指导。
4.作品欣赏与交流。

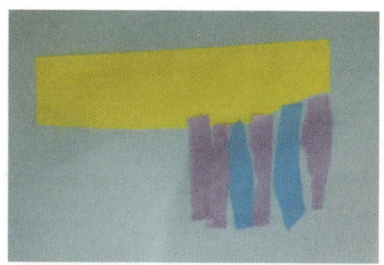

温馨提示

1. 教师可以协助幼儿将制作好的牙刷放到"娃娃家"里,供以后游戏时使用。
2. 鼓励幼儿大胆运用撕贴画丰富画面背景。

多彩海洋球

活动目标

尝试用拓印、撕贴的方法大胆制作海洋球。

活动准备

海洋球实物、海洋球馆场景图片、彩纸、胶水、绘画纸、颜料、瓶盖。

活动过程

1. 出示海洋球馆场景图片。

教师：瞧！这是游乐园里的什么地方？

2. 出示海洋球实物，让幼儿说出海洋球的特点。

教师：你们知道海洋球是什么样子的吗？它们都有哪些颜色？

3. 出示操作材料，让幼儿自由探索制作方法。

教师小结：轻轻地用瓶盖蘸上颜料，在纸上拓印出一个彩色的圆圈。在圆圈中央涂上胶水，把彩纸撕成小纸片，让小纸片一个挨着一个粘在圆圈里，就制成了一个彩色的海洋球。

4. 幼儿操作，教师巡回指导。

教师提示幼儿不要将撕下来的小纸片重复粘贴在同一处。

5. 作品欣赏与交流。

温馨提示

1.将颜料放在海绵里,然后将瓶盖按在海绵上蘸取颜料进行拓印,会更方便低龄幼儿操作。

2.在使用胶水粘贴时应注意整洁,养成好习惯。

瓶盖花

活动目标

1. 尝试用瓶盖组合粘贴制作花朵的方法。
2. 感受生活中废旧物的妙用,体验创作的成就感。

活动准备

瓶盖、彩色卡纸、双面胶、油画棒。

活动过程

1. 出示瓶盖,引导幼儿大胆想象。

(1)教师:这是什么？我们可以用瓶盖做什么呢?

(2)引导幼儿想象瓶盖画。

教师:今天,老师要和小朋友们一起用瓶盖宝宝做游戏,让它们手拉着手,变成一幅美丽的粘贴画。

2. 探索制作步骤。

(1)讨论瓶盖制作花朵的方法。

教师小结:选择一个最大的瓶盖宝宝放中间做花蕊,其他的瓶盖宝宝手拉手围成一个圈,做最大的瓶盖宝宝的做花瓣,这样就做成了一朵花。

(2)教师:瓶盖宝宝要怎样才能固定在纸上不掉下来呢？我们来请双面胶帮忙吧。

(3)幼儿自己动手,在彩色卡纸上进行粘贴。

教师:现在瓶盖宝宝在一起变成了什么样子？大家觉得还少些什么呢?

(4)粘贴好后,进行添画。

3. 请个别幼儿讲述自己的设计。

4. 作品欣赏与交流。

温馨提示

  粘贴是小班幼儿需要练习的一项技能,添画是小班幼儿创作的难点,教师要多加指导。

第二章 手工

第二节 中班

七星瓢虫

活动目标

1. 认识七星瓢虫,知道七星瓢虫是益虫,我们要爱护它。
2. 学习用团、压、捏橡皮泥的方法制作瓢虫。

活动准备

细细的吸管或火柴棒、橡皮泥、瓢虫的图片。

活动过程

1. 猜谜,带领幼儿了解七星瓢虫的基本特征。

教师:身体半球形,背上七颗星。蚜虫最怕它,棉花最欢迎。小朋友们,猜一猜这是什么动物?

2. 出示瓢虫的图片,幼儿观察。

请幼儿说一说七星瓢虫的外形特征,包括身体的形状、背上的花纹、触角的形状。

3. 参照图片,示范制作步骤。

(1)取一小块橡皮泥,搓圆,捏出瓢虫的头部。

(2)取一块稍大些的橡皮泥,捏成瓢虫椭圆形的身体。

(3)用红色橡皮泥捏出一个椭圆形,用工具从红色橡皮泥一端划出一个小三角形,让红色的椭圆形泥覆盖在瓢虫的身体上,这样小瓢虫的翅膀就捏好啦!

(4)用少许黑色橡皮泥搓成七颗黑点,在瓢虫的身体上进行装饰。

(5)用黑色和白色橡皮泥制作瓢虫的眼睛。

(6)用红色橡皮泥捏出弯弯的红嘴巴。

(7)在细吸管或火柴棒的一头插上橡皮泥做成的小球,另一头插在瓢虫的头上,变成触角。

4. 幼儿创作作品。

(1)鼓励幼儿大胆制作,完成瓢虫头部和身体的连接。

(2)提醒幼儿注意保持桌面整洁,在捏塑的过程中,注意颜色搭配。

5. 作品欣赏与交流。

温馨提示

如条件允许,教师可以选用粘土(创意泥)让幼儿进行创意制作,等粘土风干后,穿上钥匙扣变成装饰物。

草　裙

活动目标

1. 学习用撕、贴的方法设计制作草裙。
2. 乐意参加手工制作活动,积极参与集体讨论、交流。

活动准备

各种裙子图片、彩带、废旧报纸、固体胶、颜料、刷子。

活动过程

1. 出示各种裙子的图片,鼓励幼儿表达自己的观感。

2. 讨论草裙的制作方法。

(1)出示制作材料,引发幼儿讨论。

教师:我们想用这些材料来做一条漂亮的草裙。大家想想可以怎么做呢?

(2)幼儿分组讨论并总结利用现有工具制作草裙的步骤。

教师小结:先给废旧报纸刷上颜色。待颜色干了以后将报纸撕成细条,再用固体胶将细条粘贴在彩带上,将彩带围成一圈并固定。这样,漂亮的草裙就做好了。

3. 幼儿设计制作草裙,教师适时予以指导。

教师注意提醒幼儿制作时需耐心细致,指导幼儿按步骤完成。

4. 作品欣赏与交流。

展示幼儿设计的草裙作品,请个别幼儿尝试评价其他幼儿的作品。

5. 开展"草裙舞会"。

请幼儿穿上自己设计制作的草裙,一起随着音乐跳草裙舞。

温馨提示

教师与幼儿一起收集废旧材料,让幼儿用生活中的废旧材料进行各种创意制作。

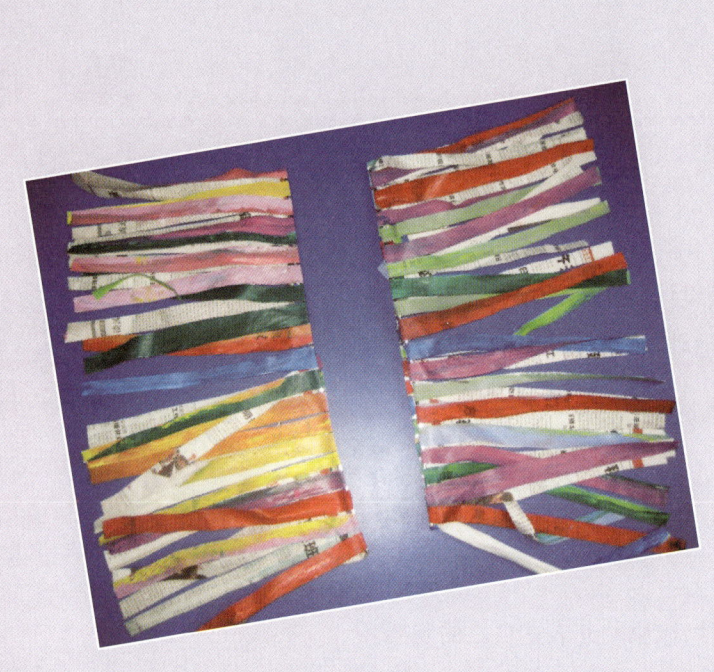

生命树

活动目标

1.尝试用手工制作、绘画相结合的方法大胆创作。
2.通过创意制作,引导幼儿积极探索废旧物的妙用。

活动准备

照相机、小号薯片桶、废旧手套、彩纸、剪刀、双面胶、彩色记号笔。

活动过程

1.带领幼儿到户外观察春天的树,发现小树在春天发生的变化。
教师:小朋友们,我们一起去看看春天的树发生了哪些变化?
2.用拍照的方式记录自己喜欢的树。
3.出示操作材料,引导幼儿自由探索。
(1)带领幼儿观看照片。
①教师:这些树是什么样子的?树上有什么?是什么颜色的?
②教师:你们也想制作出一棵这样美丽的树吗?
(2)讨论:你觉得怎样用这些材料制作出一棵树呢?
4.师幼共同探讨制作方法。
(1)教师:大树的树干可以用什么制作?
教师小结:树干可以用废旧手套变出来。
(2)教师:我们用哪些方法来制作树叶和花呢?
教师小结:我们可以用彩纸撕贴出自己喜欢的树叶和花朵样式。
(3)完善制作过程。
①教师:怎样能让这棵大树站起来呢?
教师小结:把易拉罐或薯片桶放进手套里,大树娃娃就能站起来啦!
②教师:大树娃娃还想要一种可爱的表情,你们可以帮忙吗?
5.幼儿创作,教师巡回指导。
鼓励幼儿大胆创作和别人不同的树娃娃。

6.作品欣赏与交流。

温馨提示

1.撕撕贴贴是孩子们很喜欢的创作形式。鼓励幼儿大胆尝试不同的制作方法,可以创作出富有个性的作品。

2.带领幼儿用不同的方法装饰手套,一起收集生活中的废旧物品,启发创新思维。

大青虫

活动目标

1.学习用撕贴的方式制作大青虫。
2.用自己喜欢的方式表现大青虫的可爱形态。

活动准备

绿色卡纸、白色卡纸、记号笔、固体胶、青虫图片。

活动过程

1.带领幼儿观察图片,了解大青虫的特征。
(1)教师:这是谁啊?你们喜欢它么?
(2)逐一出示图片引导幼儿仔细观察。
(3)教师:青虫是什么形状的?哪里是青虫的头?头上有什么?青虫是什么颜色的?青虫的身体上有没有花纹?(引导幼儿根据图片描述)
(4)教师小结:青虫的头是圆圆的,头上有眼睛和嘴巴。有的青虫身上有花纹,有的没有。
2.出示操作工具并让幼儿讨论制作方法。
(1)教师:我们也来制作一只可爱的大青虫吧。这里有一些材料,想一想该怎样做呢?
(2)请个别幼儿说一说制作步骤。
教师小结:在绿色卡纸上画出青虫的头部和身体,在头部画上眼睛、嘴巴,在身体上画上花纹。
(3)教师:不用剪刀,怎样制作出青虫的身体呢?
教师小结:我们可以用小手撕纸的方法制作青虫的头和身体,将其贴在白色卡纸上。
3.幼儿制作,教师巡回指导。
鼓励幼儿大胆创作,将自己观察的东西画出来。
4.作品欣赏与交流。

温馨提示

还可以引导幼儿将作品以故事的形式分享给同伴。

好玩的编织画

活动目标

1.初步掌握基础的编织技法。

2.尝试设计有规律的编织图案,培养幼儿的动手能力。

活动准备

编织画作品、长方形彩纸、刻好纸膜的图案。

活动过程

1.出示编织好的作品。

教师:小朋友们,老师今天带来一件物品,我们一起来看看吧!

2.观察、启发幼儿寻找编织的规律。

(1)启发幼儿寻找图案设计的规律(间隔、对称等)。

(2)带领幼儿认识编织的材料。

(3)师幼共同总结编织的特点。

教师小结:观察图案上开口的位置,看看是横着的还是竖着的,选择从开口的一边开始,将长方形彩纸从第一个开口穿进去,第二个开口穿出来,再从第三个开口穿进去,就这样像毛毛虫玩过山车一样穿来穿去,每一横排或竖排的开口都要经过,一幅编织图案就完成了。

3.幼儿尝试编织,教师进行指导。

幼儿有规律地进行编织,教师提醒幼儿注意编织条的方向,并注意有规律地操作。

4.作品欣赏与交流。

展示幼儿作品,评价编织的图案,体验编织的乐趣。

温馨提示

教师可以告诉幼儿在长方形彩纸的一侧做上标记,以便选择开始位置。

好吃的蛋糕

活动目标

1. 能用彩色橡皮泥制作并装饰蛋糕。
2. 体验与同伴一起制作蛋糕的快乐。

活动准备

蛋糕图片和蛋糕实物模型、橡皮泥、垫板。

活动过程

1. 观赏不同款式的蛋糕图片和蛋糕实物模型。
2. 探索蛋糕的制作方法。
（1）教师：你喜欢的蛋糕是什么样子的？有几层？
（2）幼儿相互交流自己喜欢的蛋糕样式。
（3）教师：做蛋糕要先做什么？后做什么？蛋糕要怎么装饰才漂亮？
3. 幼儿尝试用橡皮泥制作蛋糕，教师巡回指导。
4. 作品欣赏与交流。
把幼儿的作品集中在托盘里展示，每人找出自己最喜欢的蛋糕。

温馨提示

鼓励幼儿大胆运用多种多样的橡皮泥制作和装饰,制作出与众不同的蛋糕。

淘气的树叶宝宝

活动目标

1. 尝试利用不同形状的树叶进行组合、拼图,创作出不一样的树叶图片。
2. 能用粘贴的方式表现出树叶的主要特征。

活动准备

不同形状的树叶、树叶粘贴画作品、胶水、白纸。

活动过程

1. 和幼儿谈话,引出主题。

(1)教师:小朋友,秋天到了,天气渐渐变凉了,大树上的树叶纷纷落了下来。它们像可爱的小精灵,非常漂亮。现在请小朋友扮演树叶,跟着老师一起跳舞吧。

(2)出示真实的树叶,带领幼儿认识常见的树叶。

教师:秋风婆婆把不同的树叶宝宝吹进了我们班,我们一起来看看吧。

2. 幼儿探索用树叶粘贴作画的方法。

(1)展示树叶粘贴画作品,请幼儿观察。

教师:有几片树叶宝宝可真淘气!瞧瞧!它们都变成什么了?

(2)教师讲解制作树叶粘贴画的方法。

(3)教师小结:在制作粘贴画前,小朋友们先想好,你想把树叶宝宝变成什么。接着选择你想要的树叶,在白纸上先拼好,然后再用胶水粘贴。做好后,你还可以在上面添画丰富的背景。

3. 幼儿操作,教师指导。

(1)请幼儿先适当调整、组合好树叶,再进行粘贴、添画,美化自己的作品。

(2)教导幼儿在使用剪刀时要注意安全,胶水需涂抹在叶子的反面,并涂抹均匀。

(3)提醒幼儿树叶要轻压,防止它碎裂。

4. 作品欣赏与交流。

展示幼儿作品,幼儿之间互相评价欣赏彼此粘贴画作品,看看谁的作品最有趣。同时,让完成作品的孩子帮助没有完成作品的孩子。

温馨提示

　　提醒幼儿尽量选择新鲜的树叶,否则树叶容易被压碎。对于能力弱的幼儿,教师应仔细询问幼儿的想法,帮助幼儿完成自己的作品。

图形拼搭

活动目标

1. 选用不同的图形进行拼搭。
2. 通过粘贴组合图形来表现物体的结构特征。

活动准备

大小不同的半圆形、扇形、正方形、直角等腰三角形、直角三角形卡纸图形,固体胶,抹布,公园背景图。

活动过程

1. 出示事先准备好的各种图形,引导幼儿观察图形的不同特征。
2. 根据公园背景图进行情境创设,探索制作方法。

教师:公园里好看的东西真多。有红的花、绿的树,还有各种各样的小蘑菇。小鸟在天上飞来飞去,小朋友在草地上玩耍,鹅卵石铺成的小路真漂亮。你们可以用这些图形宝宝变出其他的东西吗?

3. 幼儿用图形在背景图上摆一摆想拼搭的东西。
   (1)引导幼儿用多种方法改变图形。
   (2)鼓励幼儿多找几个图形宝宝。
   (3)请幼儿向大家介绍自己拼搭的是什么。
4. 幼儿创作作品。
5. 作品欣赏与交流。

温馨提示

教师应提供实景公园场景图给幼儿参考。

铃儿响叮当

活动目标

1.学习拧毛根,并用废旧物品制作铃铛。
2.能用颜料大胆装饰果冻盒。

活动准备

果冻盒、毛根、串珠、各种颜料、排笔、音乐、铃铛图片。

活动过程

1.播放儿歌《小铃铛》。
(1)教师:老师带来了一首好听的歌。听听它都唱了些什么?
(2)出示多种样式的铃铛图片。
教师:铃铛上会有哪些好看的图案呢?让我们一起来看一看吧。
2.展示制作材料,引导幼儿大胆讨论创作方法。
(1)教师:我这里有什么?它们可以做什么呢?
(2)讨论制作步骤和方法。
①教师:我们要怎样利用这些材料,把它变成小铃铛呢?使用毛根的时候要怎样做才能不掉下来?
②教师小结:果冻盒可以作为铃铛的身体,在果冻盒底部钻一个小孔,将一根毛根对折穿过果冻盒底部的小孔,将两颗串珠串在毛根的两端,从果冻盒的外面将毛根拧紧,打结,这样小铃铛就做好啦。
3.幼儿自由创作。
鼓励幼儿大胆使用颜料,为自己制作的铃铛穿上一件漂亮的"外衣"。
4.作品欣赏与交流。

温馨提示

1.教师可提醒幼儿在颜料中加入一些洗洁精,这样能够使果冻盒易上色。

2.教师可为幼儿提供小号排笔以方便幼儿作画,引导幼儿在果冻盒上钻一个能穿过毛根的串珠孔即可,不要太大。

3.提醒幼儿收集多种废旧材料(如酸奶盒、纸杯等)进行制作。

小小贺卡暖暖情

活动目标

1. 学习制作贺卡的方法。
2. 根据自己的想法大胆创作,提升动手动脑的能力。

活动准备

各种贺卡图片、各色卡纸、记号笔、油画棒。

活动过程

1. 出示各种贺卡图片。了解不同贺卡所传递的不同心意。

教师小结:不同的贺卡所传递的心意也是不一样的。给长辈的贺卡可以包含对健康、工作等方面的祝福;给好朋友的贺卡可以包含对友谊等方面的祝福、期待。

2. 探索制作精美贺卡的方法。

(1)幼儿相互讨论贺卡的设计。

教师:你们想做张什么样子的贺卡呢?

(2)请个别幼儿说说自己的设计。

教师小结:先想好贺卡要送给谁。选择需要的卡纸和材料,我们先在纸上画出来,或是用卡纸剪出你想要的形状,再用胶水进行粘贴装饰。

3. 幼儿自制精美的贺卡。

4. 作品欣赏与交流。

在做好的贺卡上写上祝福的话,送给想送的人。

温馨提示

教师出示实物贺卡图片时,要有针对性地选择设计新颖的贺卡,同时种类要多。

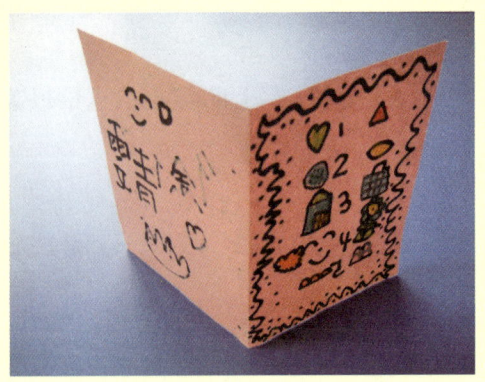

向 日 葵

活动目标

1.了解向日葵的基本特征,大胆表现向日葵的不同形态。
2.尝试用剪贴的方法进行不织布创作。

活动准备

剪刀、记号笔、各色不织布、双面胶、向日葵图片、关于向日葵的视频。

活动过程

1.猜谜。

教师:高高个儿一身青,金黄圆脸喜盈盈,天天对着太阳笑,结的果实数不清(向日葵)。

2.播放关于向日葵的视频,让幼儿了解向日葵的生长过程。

(1)向日葵名字的由来。

教师小结:向日葵又名"朝阳花",因为它的花朵总是朝着太阳的方向,早上太阳从东边升起,花盘对着东边;傍晚,太阳落到了西边,向日葵的花盘又转向西边,所以大家都称它向日葵。

(2)幼儿进一步认识向日葵。

①教师:向日葵的花瓣是什么颜色的? 向日葵的花盘中间有什么?

②教师小结:向日葵的花瓣大部分是金黄色的,也有橙色和柠檬色的花瓣,圆圆的花盘中间是黑黑的种子,也就是葵花籽,它的营养价值很高,很多人都喜欢吃。向日葵是俄罗斯的国花。

(3)教师:这么漂亮的"向日葵",我们用不织布把它做出来吧。

3.师幼共同讨论向日葵的制作步骤。

(1)观看图片,讨论向日葵的组成部分。

(2)集体交流,鼓励幼儿大胆讲述制作向日葵的步骤。

(3)师幼共同梳理制作步骤。

教师小结:先画出向日葵圆形的花盘,然后画、剪出三角形的花瓣,再画、剪出长长的花茎和叶子(像爱心形状),最后装饰上黑色的种子(葵花籽);把剪下的每一部分粘贴在一起,用剪刀按轮廓线剪下,一朵美丽的向日葵花就完成了。

4.幼儿分工合作,共同制作。

(1)引导幼儿商量分工。

教师:谁来画花盘和花瓣?谁来画花茎和叶子?谁来剪?谁来组合粘贴?

(2)鼓励幼儿大胆选择喜欢的颜色进行制作,提醒幼儿尽量将花盘做得大一些,注意要按小组商量的方式制作。

5.作品欣赏与交流。

将每一组合作完成的作品进行展示,说说自己喜欢哪一棵向日葵。让幼儿体验成功的快乐,进一步感受人多力量大的道理以及合作制作的乐趣。

温馨提示

1.合作制作是幼儿喜欢的手工创作方式,但也容易引发争吵。教师在幼儿合作分工时要适时地指导、调节,帮助幼儿协作创新。

2.制作向日葵对幼儿的技能要求比较高,教师应引导幼儿先画再剪,最后粘贴成图。

第二章 手工

第三节 大班

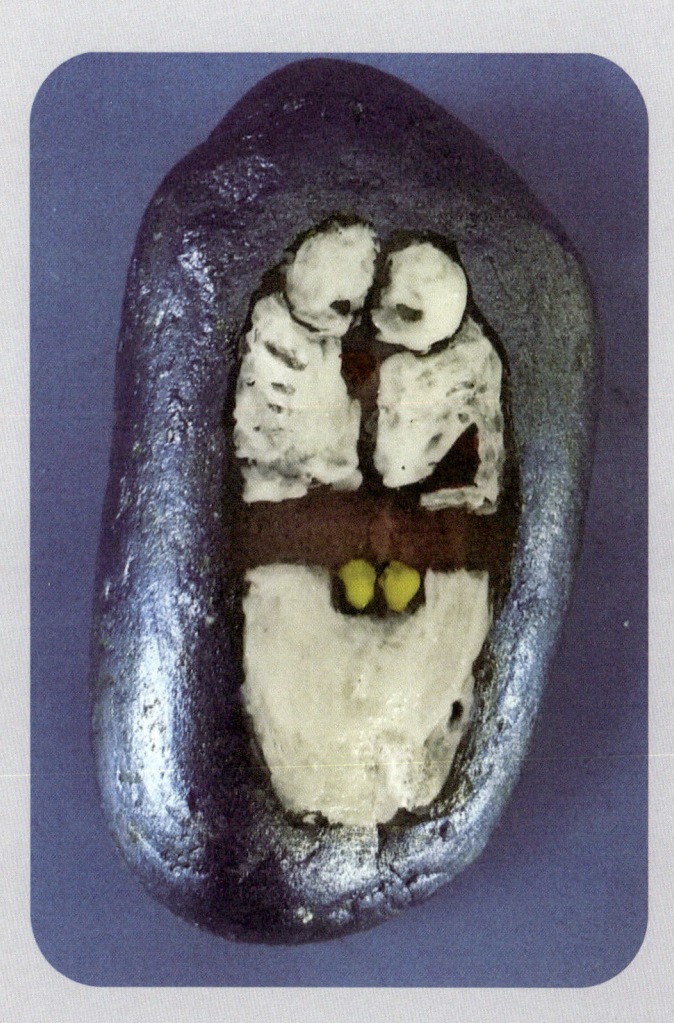

树叶风铃

活动目标

1.学习用油画棒拓印树叶。
2.学习用毛根拧出风铃的外形框架。

活动准备

大的落叶、油画棒、画纸、剪刀、毛根、双面胶、风铃图片、音乐。

活动过程

1.播放风铃音乐,引导幼儿观察风铃图片的结构。
(1)教师:听,这是什么声音?你见过的风铃是什么样子的?
(2)教师:风铃上都有些什么?风铃的哪里最美丽?
2.带领幼儿探索风铃的制作方式。
(1)带领幼儿认识操作材料。
(2)示范用树叶拓印风铃吊饰。
①教师:今天我们要用一样特殊的东西来制作风铃。想想能怎样做呢?
②教师小结:拓印时我们要把树叶先放在桌子上面铺平,轻轻地在树叶上盖上画纸,选用自己喜欢的颜色的油画棒,盖住并压紧树叶的部分,然后用油画棒涂匀。
(3)尝试制作风铃框架。
教师小结:选择3~4根毛根,将这些毛根头尾相互连接起来就变成了一个大圆圈。将在纸上拓印好的树叶用剪刀剪下来,用剪刀在树叶中间凿个小洞,将毛根穿进去,并打结固定好,最后把毛根的一端拧在圆圈上,美丽的树叶风铃就制作好了。
3.幼儿尝试动手操作。
提醒幼儿可按自己的意愿选择不同的树叶进行拓印尝试。
4.作品欣赏与交流。

温馨提示

1. 提醒幼儿可以使用彩色的画纸，拓印画和树叶都可以作为风铃上的吊饰。
2. 提醒幼儿使用剪刀和毛根时，注意安全。

家庭小卫士

活动目标

1.尝试用彩纸、毛根制作不同造型的小人,装饰门把手挂牌。
2.养成整理材料的好习惯。

活动准备

半成品门把手挂牌、西方卫士(骑士)图片、皱纹纸、剪刀、毛根、双面胶、泡沫纸、油画棒。

活动过程

1.出示空白门把手挂牌。

教师:这是什么?有什么用处呢?

2.出示西方卫士(骑士)图片。

教师:这些人和我们有哪些不同的地方?

3.师幼共同探索怎样装饰空白门把手。

(1)教师:大家想一想,能不能在空白门把手上制作一个小卫士,来保护我们的家呢?

(2)用油画棒在空白门把手挂牌上画出自己喜欢的卫士的五官。

教师:我们一起来给小卫士画出帅气、英俊的五官吧,别忘了还要给他穿上你设计的卫士服哟。

(3)幼儿自由讨论"头发"的制作方法。

①教师:怎样能给小卫士制作出卷发呢?可以用什么材料?

②教师小结:人手一根毛根,将毛根卷曲成"头发"并用双面胶固定在小卫士头上。伸出你的一根手指头,把毛根卷在手指上,可爱的卷发就做好啦。

(4)幼儿自由讨论"四肢"的制作方法。

教师小结:用剪刀在泡沫纸上分别剪出小卫士的四肢,并用双面胶固定。

(5)幼儿根据自己的制作意愿或人物性别的需要,制作头上的装饰物。

小结:用折扇子的方法将皱纹纸折出蝴蝶结的造型,用毛根固定住。

4.幼儿动手制作,教师巡回指导。

鼓励幼儿画出不同风格的卫士服,如图案装饰、线条装饰等。

5.作品欣赏与交流。

(1)请个别幼儿与同伴交流制作步骤,分享成功的经验。

(2)教师点评时注意以表扬为主。

温馨提示

1.很多幼儿在使用剪刀剪纸时不会拐弯。在平时的活动中,教师可以多提供材料,引导幼儿练习使用剪刀。

2.教师应提供给幼儿半成品材料,即在挂牌上剪一个圆口,能够套入门把手即可。

螃蟹

活动目标

1. 根据螃蟹的特征,尝试用不同的废旧材料制作螃蟹。
2. 能合理利用各种手工材料。

活动准备

手工作品《螃蟹》、纸杯、牙膏盒、吸管、塑料勺子、一次性纸盘、双面胶、透明胶、剪刀。

活动过程

1. 猜谜,激发幼儿创作的兴趣。

(1)教师:八只脚,抬面鼓,两把剪刀鼓前舞,生来横行又霸道,嘴里常把泡沫吐。请你打一动物。

(2)出示手工作品《螃蟹》。

教师:这只螃蟹和我们以前看到的螃蟹一样吗?它是用什么材料做的?

2. 师幼共同探讨制作螃蟹的方法。

(1)介绍材料。

教师:看看今天老师都准备了哪些材料?

(2)指导幼儿合理利用手工材料制作螃蟹。

①教师:哪些材料可以做螃蟹的身体,哪些可以做螃蟹的脚呢?

②请个别幼儿讲讲自己的制作思路。

③教师小结:纸杯、纸盘可以用来做螃蟹的身体,吸管、塑料勺子可以做螃蟹的脚。

3. 幼儿自由选择材料尝试制作螃蟹。

4. 作品欣赏与交流。

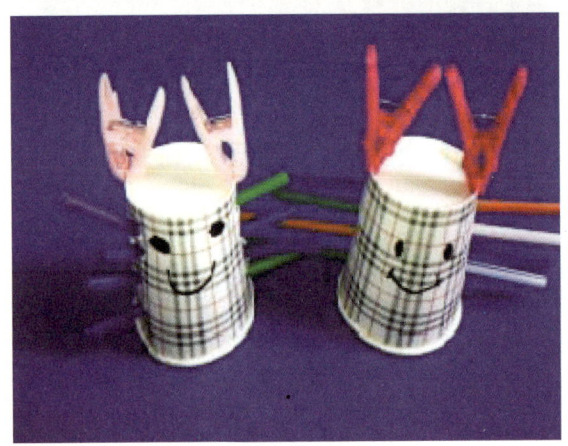

温馨提示

1.注意剪刀的取放及使用安全,养成良好的习惯。

2.提供尽可能丰富的废旧材料供幼儿选择使用,增强幼儿对事物的认识,拓展他们的思维。

百变石头

活动目标

1. 学习用颜料、记号笔装饰石头。
2. 尝试用石头组合拼画。

活动准备

石头、各色颜料、排笔、记号笔、绘画纸、硬纸板、塑料板、洗洁精。

活动过程

1. 出示石头,鼓励幼儿大胆想象探讨石头玩法。

教师:这是什么?怎样能把它变成你喜欢的样子?

2. 展示操作材料,拓展幼儿思路。

(1)教师:这些是什么?我们可以怎样使用它们?

(2)用多块石头组合拼画。

教师:除了在一块石头上作画外,我们还能用多块石头进行怎样的组合创作呢?

3. 鼓励幼儿结合石头的形状进行创作。

4. 作品欣赏与交流。

教师:你在石头上画的是什么?谁来说一说?

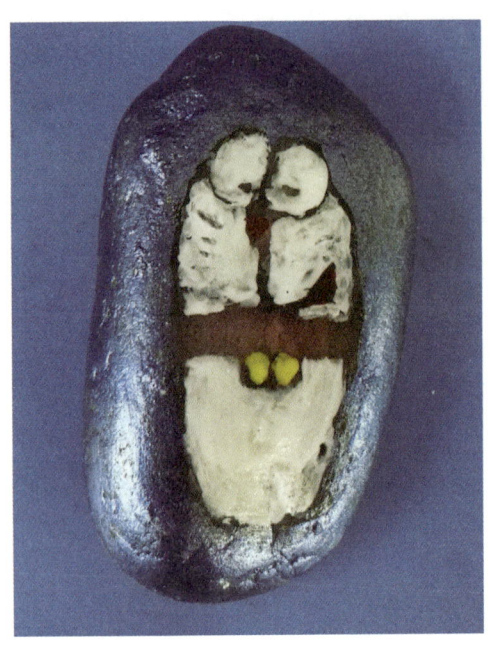

温馨提示

1.颜料加上少许洗洁精就容易上色,石头应提前清洗干净并晾干。

2.可为幼儿提供硬纸板、塑料板之类的底板,同时注意所提供的材料要多样。

3.由于石头材质坚硬,多石头组合画的制作需要用到热熔胶,有一定的安全隐患,建议教师来操作。

鳄鱼鳄鱼爬

活动目标

1.学习用对折纸张的方法制作鳄鱼身体。
2.用绘画的方式表现鳄鱼的特征,装饰鳄鱼。

活动准备

舞龙图片、民间舞龙乐视频(配音乐)、彩纸、油画棒、绘画纸、一次性筷子、双面胶。

活动过程

1.给幼儿播放民间舞龙视频,感受舞龙的氛围。
(1)教师:听,你们在什么样时候会听到这个声音呢?
(2)出示舞龙图片,感受舞龙的氛围。
教师:叔叔、阿姨手中举着的龙在他们行走的时候是怎么动的?
2.探索鳄鱼的制作方法。
(1)拓展幼儿思维。
教师:除了龙,还有哪些动物的身体也能这样玩?
(2)讨论:怎样能让鳄鱼的身体动起来呢?
教师小结:用折纸做为鳄鱼的身体,动物的身体就动起来啦!
(3)讨论:鳄鱼的头和尾巴该怎么做?
教师小结:可以在彩纸上画出鳄鱼的头和尾巴,再用双面胶将鳄鱼的身体连接上。
(4)引导幼儿思考一次性筷子的合理使用。
①教师:怎样才能让鳄鱼舞动起来呢?
②教师小结:将一次性筷子粘在鳄鱼的头和尾巴上,我们就可以舞动起来啦!
(5)注意制作细节。
教师小结:折纸时要注意对齐。
3.幼儿操作,教师适时指导。
鼓励幼儿大胆创作不同的动物形象,独立完成,并保管好自己的物品。
4.作品欣赏与交流。

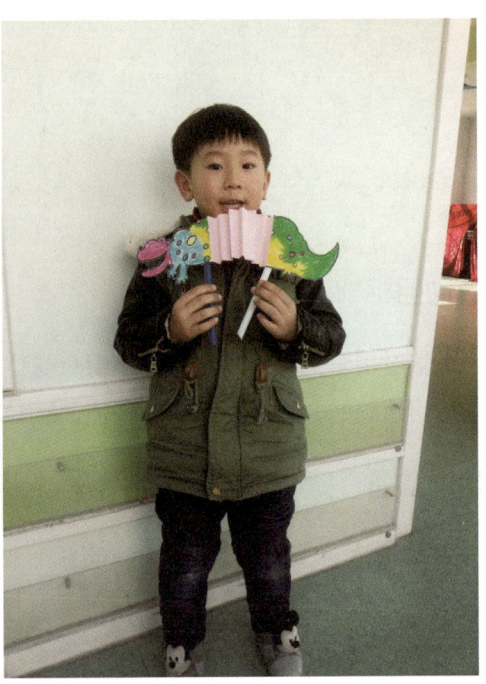

温馨提示

1.使用一次性筷子时注意安全,也可以将筷子换成吸管。

2.鼓励大班幼儿大胆想象、独立创作,其作品不一定要和教师作品相同,可以将鳄鱼形象换成龙、狮子等。

狮 子

活动目标

1. 学习用毛根、卷纸筒、纸盘制作狮子的身体的方法。
2. 用绘画、粘贴的方式表现狮子威猛、强健的特征。

活动准备

狮子图片、手工作品《狮子》、彩色卡纸、一次性纸盘、打孔机、毛根、卷纸筒、双面胶、剪刀。

活动过程

1. 出示狮子的图片,让幼儿观察狮子的特征。

教师:它是谁? 是什么样子的?

2. 师幼共同总结狮子的基本特征。

(1)教师:狮子的头部有什么?

(2)教师小结:狮子的眼睛圆圆的,鼻子长长的,有一圈漂亮的鬃毛。

3. 幼儿自由探索狮子的制作方法。

(1)带领幼儿认识操作材料。

教师:这里有哪些材料? 怎样能用这些材料制作一头狮子呢?

(2)让幼儿分组讨论,讲述自己的想法。

①教师:狮子身体的各部分都可以用什么来制作呢?

②教师小结:我们可以用彩纸装饰卷纸筒作狮子的身体,在一次性纸盘上画出狮子的头和五官,用毛根制作狮子的胡须、耳朵和尾巴。

4. 幼儿尝试创作作品。

(1)教师指导幼儿正确使用剪刀。

(2)引导幼儿大胆创作,制作狮子的身体。

5. 作品欣赏与交流。

温馨提示

1. 可以用打孔机在纸盘、卷纸筒上打孔来固定毛根。
2. 纸筒创意有很多,教师可以进行一系列主题活动,让幼儿大胆创想,拓展他们的思维。

五彩报纸鱼

活动目标

1. 学习用粘贴、撕、剪、卷的方法制作物品。
2. 根据自己的需要选择不同的材料装饰报纸鱼。

活动准备

报纸、皱纹纸、泡沫纸、蜡光纸、挂历纸、固体胶、剪刀、记号笔、蓝色大海的背景图、音乐。

活动过程

1. 出示一张蓝色大海的背景图,让幼儿初步了解鱼的特征。

教师:瞧,大海里游来了几条美丽的鱼。我们来看一看这些鱼都是什么样子的。

2. 介绍材料,示范制作方法。

(1)出示报纸并指导幼儿用报纸卷成鱼的轮廓,提醒幼儿把报纸卷紧(注意卷的技巧)。

(2)向幼儿展示报纸鱼的轮廓。

教师小结:鱼的轮廓可以是瘦瘦的,也可以是扁扁的,要用双面胶固定好鱼的轮廓。

(3)可以将彩色卡纸剪成不同的图形来装扮鱼的身体,并用双面胶进行粘贴。

(4)画出鱼的眼睛,当然也别忘了提醒幼儿自己设计出鱼鳍和鱼尾。

3. 作品欣赏与交流。

(1)可以重点围绕鱼的轮廓和鱼身上的花纹进行设计和交流。

(2)你最喜欢哪条鱼?为什么?

4. 伴随音乐,进行游戏。

教师:请带上你的小鱼,去大海里游玩吧!

> **温馨提示**

1.可以选择多种材料装饰鱼的身体,要注意颜色的搭配。
2.提醒幼儿注意取放和使用剪刀时的安全。

可爱的笔筒

活动目标

1. 学习设计笔筒,并用彩纸进行装饰。
2. 大胆设计制作自己喜欢的笔筒。

活动准备

空易拉罐、薯片盒、剪刀、胶水、彩纸、海绵纸、笔筒图片。

活动过程

1. 出示笔筒图片,让幼儿观察笔筒的特点。

(1)教师:笔筒是什么形状的? 笔筒的筒身为什么要有一定的长度?

(2)教师小结:笔筒是圆柱状的,包括筒身和筒底,制作的时候要注意筒身要有一定的长度,否则笔不好放。

2. 引导幼儿选择自己喜欢的方式装饰笔筒。

教师小结:可以在筒身上添加自己喜欢的图案(动物、人物、花草、文字等)。

3. 示范讲解制作的过程。

教师小结:将一张彩纸卷在空易拉罐上,卷一圈后用笔做上记号,用剪刀剪去多余部分。利用双面胶将剪好的彩纸裹贴在空易拉罐上,纸的底边一定要与筒状物的底对齐。

4. 幼儿分小组进行设计制作。

注意引导幼儿和同伴相互交流,在选定制作的主题后开始制作。

5. 作品欣赏与交流。

温馨提示

提醒幼儿注意剪刀的使用安全,正确取放剪刀,养成良好的手工制作习惯。

弹簧玩偶

活动目标

1. 学习用图形拼贴和折纸的方式制作玩偶。
2. 大胆创作来表现玩偶的形态。

活动准备

弹簧玩偶实物、玩偶图片、卷纸筒、各种形状的彩纸、固体胶、记号笔。

活动过程

1. 出示实物玩偶,引导幼儿自由交流。

(1)教师:今天我们班来了位小客人,看看它是谁?

(2)教师:玩偶是什么样子的?它的胳膊和腿有什么不一样吗?

(3)教师小结:玩偶有着圆圆的身体,它的腿和胳膊是可以伸缩的,坐着的小玩偶就像一个精美可爱的装饰品。

2. 出示玩偶图片,带领幼儿细致观察玩偶的细节部分。

(1)组织幼儿讨论。

①教师:这些图片上的玩偶和我们的实物玩偶有什么不一样?

②教师小结:这些玩偶身体各部分都是用不同的材料制作的。

(2)引导幼儿观察玩偶身体各部位比例。

①教师:玩偶穿的是什么?

②教师小结:玩偶和我们人一样,穿着各式各样好看的衣服,它们头连着脖子,脖子下面是肩膀,两支胳膊和两条腿分别在肩膀的两边。

3. 出示操作材料,师幼共同探讨制作方法。

(1)教师小结:可以将卷纸筒制作成玩偶的头部,在卷纸筒上画出玩偶的五官。

(2)让幼儿自由讨论胳膊、腿部的制作方法。

①讨论:你想给玩偶设计出什么样的四肢呢?

②教师小结:反复折叠这些长长的彩色纸条,就可以变成可爱的弹簧四肢。

(3)带领幼儿制作玩偶衣物。

教师:玩偶的身上还少些什么?让不同形状的彩纸来帮帮忙吧!

4.幼儿操作,教师巡回指导。

教师提示幼儿掌握好玩偶的身体比例。

温馨提示

1.提示幼儿纸片大小要和卷纸筒的身体大小成比例。

2.鼓励幼儿制作与众不同的玩偶。

纸盒动物

活动目标

1. 尝试用彩纸制作创意动物。
2. 大胆运用自己喜欢的方式制作物品。

活动准备

废旧纸盒、各种动物图片彩纸、剪刀、固体胶、透明胶、双面胶。

活动过程

1. 让幼儿说说自己喜欢的小动物的主要特征。

（1）教师：你喜欢的小动物有哪些？它们有什么特点呢？（幼儿根据自己喜好回答）

（2）让幼儿根据动物图片讲述动物特征。

①教师：老师今天也带来了很多小动物图片，我们一起来观察一下吧。这是谁？你是从哪里看出来的？

②根据幼儿的讲述进行总结。（例如：我觉得这是兔子，因为它有双长长的耳朵、红红的眼睛、三瓣嘴和两颗大兔牙，还有条短短的尾巴。）

2. 幼儿自由探索用纸盒制作动物的方法。

（1）教师：小朋友想一想怎样用纸盒来制作小动物？怎样才能让大家一看就知道它是谁呢？

教师小结：可以用废旧纸盒来制作小动物的身体，再用其他办法来突出动物的身体特征。

（2）幼儿小组讨论。

3. 幼儿尝试独立制作。

4. 作品欣赏与交流。

教师：请大家把你制作的小动物拿给其他人看看，看看别的小朋友能不能猜出你做的是什么动物。

温馨提示

1.提醒幼儿注意剪刀的使用安全。

2.相信幼儿,给幼儿充足时间进行讨论、想象。

谷 物 画

活动目标

1.认识玉米、黄豆、绿豆、麦穗等谷物,尝试用谷物作画。
2.在创作的过程中感受谷物画的特殊装饰风格。
3.学习用谷物和橡皮泥进行创意制作。

活动准备

玉米、黄豆、绿豆、麦穗、橡皮泥、圆形的小纸盘、手工作品《谷物画》。

活动过程

1.带领幼儿欣赏谷物画,发现谷物画的特点。

教师:画面上有什么?它与我们平时看到过的画有什么不同?它是用什么材料做成的?你想动手试试吗?

2.示范讲解制作谷物画的方法和过程。

(1)将橡皮泥搓圆并压扁后放在纸盘(或其他扁平的容器)里。

(2)将事先准备好的谷物一粒一粒地插在橡皮泥上面,拼成相应的图案。

3.讲解制作要求。

(1)提醒幼儿根据容器的大小设想谷物的图案。

(2)橡皮泥要平放在容器里。

(3)一个接一个地摆放谷物。

4.幼儿尝试独立制作作品,教师巡回指导。

鼓励幼儿大胆选用不同的谷物进行创意装饰。

5.作品欣赏与交流。

举办"有趣的谷物画"展览,请大家欣赏。

> **温馨提示**
>
> 可以用白面粉加水揉成面团代替橡皮泥。

手袋宝宝大变身

活动目标

1. 学习用手提袋进行创意制作。
2. 设计制作自己喜欢的手提袋。

活动准备

废旧纸袋、黑色记号笔、卡纸、剪刀、双面胶、胶棒、油画棒、手提袋手工制作图片。

活动过程

1. 出示各种废旧纸袋,让幼儿自由讨论纸袋的用途。

(1)鼓励幼儿回忆相关的生活经验,大胆表述。

①教师:平时你们会用到纸袋吗?

②教师:用完以后都是怎么处理的呢?

(2)幼儿分组讨论纸袋的用途。

①讨论:纸袋除了可以用来装东西,还可以用来做什么?不用的废旧纸袋可以用来做什么呢?

②教师小结:不用的废旧纸袋也可以做成装饰品。

2. 出示各种手提袋手工制作图片,引导幼儿大胆想象。

(1)教师:这些可爱的手袋宝宝们的小眼睛、头发等都是用什么材料做成的呢?

(2)教师:如果请你来帮手袋宝宝变身,你会把它变成什么样?

3. 提供材料,鼓励幼儿积极动手制作,体验动手操作的乐趣。

教师:这里有许多的宝贝(各种材料),它们都是手袋宝宝的好朋友,可以利用它们来装饰我们设计的手袋宝宝哦。

4. 幼儿动手操作,教师巡回指导。

提醒幼儿注意手袋宝宝的五官的摆放位置。

5. 作品欣赏与交流。

教师:手袋宝宝真可爱!我们带着它们一起去参观幼儿园吧。

温馨提示

1.在美术区举办手袋宝宝展览会,用幼儿的大头照进行制作。

2.除了制作手袋,还可以制作其他东西,可以在区角游戏中将活动延伸,充分发挥幼儿的想象力和创造能力。

第三章 欣赏

第一节 小班

扇　子

活动目标

1. 欣赏各种各样的扇子,感受不同扇子的独特造型和装饰风格。
2. 懂得用不同的图案、线条进行装饰。

活动准备

扇子。

活动过程

1. 出示四把形状独特的扇子。

教师:这是什么？这些扇子美吗？

2. 请幼儿欣赏,鼓励幼儿大胆描述扇子上美丽的装饰图案。

(1)教师:你觉得哪把扇子最美？

(2)引导幼儿探索为什么在扇子的不同地方要用不同的颜色、线条。

教师:你觉得这些扇子像什么？这个扇子上有哪些颜色？这些颜色用在一起好看吗？给你什么感觉？

(3)请幼儿选一把自己最喜欢的扇子,和同伴交流喜欢的原因。

3. 带领幼儿了解扇子的功能。

(1)教师:你们知道扇子有什么用处吗？

(2)教师小结:扇子是用来扇风和遮荫的。

资料库

中国扇文化有着深厚的文化底蕴,是民族文化的一个组成部分。它与竹文化、佛教文化有着密切的关系。

秋 菊

活动目标

1. 知道秋天是菊花盛开的季节。
2. 欣赏菊花,让幼儿初步感受菊花的千姿百态。
3. 用语言描述菊花的外形。

活动准备

一盆菊花、《秋菊平安图》、彩色手工纸、画纸。

活动过程

1. 出示实物菊花,和幼儿一起观赏。

(1)感知秋天的变化,感受秋天的美好。

教师:你们知道现在是什么季节吗?是的,秋天到了。你们知道秋天哪些花会开?

(2)观察菊花的形态、颜色等,让幼儿形成初步的印象。

教师:秋天,菊花都开了。你们来看看这盆菊花,能说说它是什么颜色的吗?它的气味好闻吗?

2. 带领幼儿欣赏名画《秋菊平安图》。

(1)教师:你们喜欢菊花吗?今天老师带了一幅好看的菊花图——《秋菊》,我们一起来欣赏。

(2)鼓励幼儿大胆描述他们看到的菊花。

教师:画中的菊花是什么样子的?

(3)让幼儿了解菊花有许多颜色,并且让他们根据自己喜好,选一朵最喜欢的细致观察。

教师:你们看见过什么颜色的菊花?你最喜欢哪一种颜色的菊花,为什么?

(4)鼓励幼儿大胆地表达自己的想法。

教师:你们喜欢这幅《秋菊平安图》吗?为什么?

(5)鼓励幼儿细心观察,发现这幅画和以前看过的画作的不

齐白石的《秋菊平安图》

同之处。

教师:这幅图上除了有菊花,还有什么?

(6)教师小结:我们看到的这幅《秋菊平安图》是齐白石画的,画面中除了有画画人的姓名,还有他作画的时间。

3.介绍齐白石。

教师向幼儿简单地介绍齐白石。

4.撕贴画《秋菊》。

(1)教师:我们一起用好看的手工纸来制作一幅自己的秋菊图吧。

(2)作品欣赏与交流。

资料库

齐白石(1864~1957),绘画大师、篆刻家,擅长画花鸟虫鱼,笔墨雄浑,色彩浓艳,造型生动。欣赏《秋菊》,可以借以领会齐白石绘画艺术的审美追求。一团团金灿灿的菊花,正在盛开,在墨色的叶子衬托下尤显华贵,画面充满清隽高雅的气息。

《椅中圣母》

活动目标

1.欣赏油画的颜色及画中人物的神态,体会作品中母子亲昵的情感。
2.感受人物形象的饱满、可爱以及画中玛利亚母爱的流露。

活动准备

《椅中圣母》图片资料。

活动过程

1.谈话导入,初步感知母亲与孩子之间的情感。
(1)教师:你觉得这个世界上谁最爱你?你是怎样感觉到的?能不能用一个动作来表示你对她的爱?
(2)幼儿自由表达自己的想法。
2.出示图片《椅中圣母》,带领幼儿一起欣赏。
(1)观察画面及画中人物形象的饱满可爱。
教师:你在画中看到了谁?他们在做什么?
(2)带领幼儿欣赏人物衣服颜色的搭配及油画中红、黄、蓝大块色彩的运用。
①教师:你觉得画里这位阿姨衣服的颜色好看吗?小男孩穿的是什么颜色的衣服?
②教师小结:这幅画的背景颜色很深,画上的阿姨和小男孩穿的衣服颜色都很鲜艳。小男孩穿着黄色衣服,阿姨穿着红色的上衣和蓝色的裤子,披着绿色的披肩。这些颜色搭配在一起,让人觉得很温暖。
(3)讨论画中人物的关系,体会人物间的情感。
①教师:画中的阿姨在做什么?她的表情是怎样的?你觉得她抱着自己的孩子是什么样的心情?你觉得她爱这个小男孩吗?
②教师:你觉得小男孩现在开心吗?你是从哪里看出来的?
③教师:小男孩的眼睛看着什么地方?小男孩的手放在什么地方?
④幼儿自由讲述。
3.教师介绍作品。

教师：画中的阿姨叫作玛利亚，她非常爱自己的孩子，她把小男孩紧紧地搂在怀中。小男孩也非常依恋他的妈妈，他把手放在妈妈的怀里。玛利亚亲昵地抱着儿子，温柔地望着前方，展现一种女性的妩媚。这种姿态与表情会让大家联想到自己的幸福生活。

拉斐尔·桑西的《椅中圣母》

资料库

拉斐尔·桑西(1483~1520)，意大利著名的画家，与达·芬奇和米开朗琪罗并称"文艺复兴三杰"。拉斐尔的绘画以"秀美"著称，画作中的人物清秀，场景祥和。他的风格不仅代表了当时人们最崇尚的审美趣味，还成为后世古典主义画家不可企及的典范。这幅《椅中圣母》比他以往的母子画更富有生活气息。

第三章 欣赏

第二节 中班

《星夜》

活动目标

1. 感知画面中笔触、色彩、形象所传达出来的感情和思想,并能用语言表述。
2. 对美术欣赏活动感兴趣,引导幼儿大胆自由表述。

活动准备

名画《星夜》和《自画像》图片。

活动过程

1. 谈话导入,引起幼儿兴趣。

教师:你见过星空么?夜晚的天空是什么样子的?

2. 带领幼儿欣赏图片《星夜》。

(1)教师:小朋友,请仔细看一看,画面上画的是什么?

(2)引导幼儿分析作品色调特点。

①教师:这幅画用了哪些颜色?看了这幅画你有什么感觉?

②教师小结:画家用了深蓝色、紫色和黄色,色彩鲜明,画中的图像充满了象征意义。

(3)鼓励幼儿尝试分析不同线条给人带来的感受。

教师:这幅作品中画家用了哪些线条?给你留下什么感觉?

(4)完整感受作品,引导幼儿理解作者所表达的意思。

①教师:这些像什么?你有什么感觉?

②教师小结:星星和月亮好像被旋涡围住了,大树像火焰一样旋转着上升,蓝色、紫色和黄色对比强烈,画家用这些颜色和形象表达了自己的紧张、忧郁的心情。

3. 带领幼儿欣赏梵·高自画像,让幼儿了解梵·高的生平。

(1)教师:这幅画是一位叫梵·高的画家画出来的,他为自己画了一张自画像。我们一起来认识一下他吧。

(2)教师:《星夜》是梵·高的代表作品之一。

梵高的《星夜》

梵高的《自画像》

4.幼儿创作自己心中的星夜。

资料库

文森特·威廉·梵·高(1853~1890),荷兰后印象派画家。梵·高一生历尽坎坷,其画标新立异,注重超感觉的体验。《星夜》这幅油画创作于1889年,当时梵·高在圣雷米的一家精神病院疗养,病情时好时坏。蓝色和紫罗兰色,配上星星发光的黄色,再加上歪曲的长线和破碎的短线,使画面呈现炫目的奇幻景象。

《红色中的和谐》

活动目标

1. 欣赏名画《红色中的和谐》,大胆讲述画面的内容。
2. 感受作品中冷暖对比色的运用和画面中不同线条表现出的动静对比。

活动准备

名画《红色中的和谐》图片。

活动过程

1. 谈话导入,引起幼儿兴趣。
(1)教师:小朋友们,你们能不能用简短的话语描述一下自己家里的东西呢?
(2)幼儿自由表达。
2. 带领幼儿欣赏作品。
(1)让幼儿初步感知画面的内容。
①鼓励幼儿分别讲述室内和室外的不同物品。
教师:这张画画的是什么地方?室内有哪些东西?室外有哪些东西?
②教师小结:画中描绘了一个室内的场景,其中有精心布置的桌子,衣着整洁的女佣,鲜艳的桌布、墙纸,两把椅子和一扇窗户;画家还描绘了一片室外的自然景色——绿色的草地,黄色的花朵,几棵树和一所房子。
(2)引导幼儿感知图画中的色彩对比。
①教师:这张画中什么颜色最多?哪些地方用的是这种颜色?
②鼓励幼儿大胆讲述画面中哪里用了红色,请幼儿一起讨论看了红色后的感觉。
讨论:画中有很多的红色。你看后有什么感觉?
③教师:如果画中全部用红色好看吗?画画的人除了用红色还用了什么颜色?
④请幼儿讲述画面中哪些地方用了对比色,鼓励幼儿一起讨论为什么会用对比色。
讨论:红色和绿色在一起,你觉得怎么样?画中哪些地方用了对比色?
⑤教师小结:画中很多地方都用了红色,红色属于暖色调,让人感觉心里很暖和。与室内红色相呼应的,是窗外的蓝天、绿地、黄色的小花,形成了对比但又相互协调,使这幅画显得

明丽而静雅。

3.引导幼儿感知图画中的线条感。

(1)教师:画中哪些地方用了直线?哪些地方用了曲线?

(2)教师:你看了曲线和直线,感觉有什么不同?

(3)教师小结:桌、椅、窗框用的是直线,花纹、窗外的树、人、花瓶用的是曲线。花园里有树木弯曲的枝丫,与桌面和墙壁上鹿角形花纹相呼应;而桌布上的花梗与女佣的头发,则用的是同一种简单的线条。

4.幼儿自由讨论。

(1)教师:这张画画的是一个漂亮的家。你们喜欢这样的家吗?为什么?

(2)教师:下次我们再来欣赏马蒂斯的另外一张画——《红色画室》。

5.给幼儿布置任务:画一画自己的家。

马蒂斯的《红色中的和谐》

资 料 库

亨利·马蒂斯(1869~1954),法国著名画家,野兽派的创始人和主要代表人物,也是一位雕塑家、版画家。因使用鲜明、大胆的色彩而著名。他认为,色彩的选择应以观察、感觉和各种经验为依据。《红色中的和谐》是马蒂斯成熟期的代表作。

《盲 女》

活动目标

1. 欣赏作品《盲女》,感知画中呈现的宁静氛围,乐于欣赏。
2. 让幼儿体会作品中渲染的人物情感,培养他们对特殊人群的关爱之情。

活动准备

名画《盲女》图片、背景音乐、眼罩。

活动过程

1. 让幼儿闭眼,感受黑暗的世界。

(1)游戏:盲人的世界。

①教师:小朋友们,请拿出自己的眼罩,相互帮忙戴好,我们分组在教室里走一走。

②教师:刚才你有什么感觉?

(2)幼儿安静聆听背景音乐。

教师:现在让我们闭上眼睛,安静地听一首音乐。听听看,在黑暗的世界里,你能听到不一样的东西吗?

2. 欣赏名画《盲女》图片,让幼儿大胆谈谈自己的心得体会。

(1)教师:今天,老师给你们带来了一幅画,名字就叫《盲女》。我们一起来看一看。

(2)赏析作品,鼓励幼儿大胆表述自己的感受。

①教师:你看到了什么?远处有什么,你们认为这是哪里呢?画面上的两个女孩是谁呢?你觉得她们过得怎么样?这幅画为什么会叫"盲女"呢?说的是谁呢?你是怎么知道的?两个女孩在做什么?盲女姐姐能感受到周围美丽的景色吗?看了这幅画你有什么感受?盲女姐姐的腿上为什么会放着手风琴?

3. 带领幼儿再次倾听背景音乐,感知画里画外的氛围。

教师:现在,我们再闭上眼睛,来听一听这首曲子,这回你听到了什么?

4. 介绍画家。

教师:这幅画是一位英国的画家创作的,他叫约翰·埃弗雷特·密莱,擅长运用古典画法描绘自己看到的、感受到的事情。

5.培养幼儿对特殊人群的关爱之情。

教师:你对盲人有什么感觉?生活中遇到盲人需要你的帮助时,你会怎么做呢?

约翰·埃弗雷特·密莱的《盲女》

资 料 库

约翰·埃弗雷特·密莱(1829~1896),生于英国南安普敦,"拉斐尔前派协会"的奠基人之一。密莱运用古典画法创作了《盲女》,画上是一片雨过天晴的自然景色,场景比较开阔,色彩舒人心脾。画上有两个相依为命的穷女孩。其中一个是盲女,另一个更小的女孩紧紧依偎在盲女怀里,一边抬头看天上的彩虹,一边给盲女讲解大自然的美丽。盲女怀着殷切的心情,听着小伙伴的描述,沉浸在想象之中。两个孩子脚下穿着笨重的鞋子,身上穿的是破了的粗布裙子,这反映了她们的处境,衣裙上的补丁是这两个孩子命运的痕迹。这是一些十分重要的细节。盲女显然是个流浪儿,她的膝间有一个小手风琴。她的心声只能通过琴声向别人传达,她利用手风琴诉说自己多舛的生活与哀愁。作品现藏于英国伯明翰市博物馆与美术陈列馆。

第三章 欣赏

第三节 大班

波洛克的画

活动目标

1. 尝试以波洛克的作画方式自选材料大胆创作。
2. 能用完整的语言表达对波洛克作品的理解。

活动准备

波洛克作品图片、音乐、画纸、水粉笔、刷子、瓶子、喷雾器、袖套、围裙。

活动过程

1. 出示喷雾器、水粉笔、瓶子等绘画材料。

教师：这些是什么？我们可以用这些物品做什么呢？

2. 带领幼儿欣赏作品《薰衣草之雾：第一号》和《会聚：第十号》。

（1）引导幼儿说说自己对画面的感觉。

①教师：这两幅画有什么特点？你在画上看到了什么？你心里有什么样的感觉？

②教师小结：两幅画上都有许多不规则的线条。

（2）引导幼儿从颜色、线条的痕迹等方面来欣赏作品。

①教师：你们知道这些颜色中哪些是先画上去的？哪些是后画上去的？猜一猜画家是怎样把这些线条画上去的？

②教师小结：画家用甩动、泼洒的方法把线条画了上去。

（3）带领幼儿欣赏波洛克作画时的照片,给幼儿介绍波洛克作画方式（滴流、甩动、泼洒）。

教师：杰克逊·波洛克是一位有影响力的美国画家,他创作时从不做事先规划,作画没有固定位置。波洛克的画看起来很乱,但是仔细欣赏却觉得很和谐、很有意思、很有美感。《会聚：第十号》意思是各种颜色聚在一起。

3. 幼儿尝试自选材料合作作画（配音乐）。

提醒幼儿挑选自己需要的工具来创作（先想一想选什么样的工具,要怎么用）,要节约纸张和颜料,保持桌面的卫生。

波洛克的《薰衣草之雾:第一号》

波洛克的《会聚:第十号》

波洛克作画时的照片

资料库

杰克逊·波洛克(1912~1956),美国画家,抽象表现主义绘画大师,以巨幅的"滴色"画而获殊荣。他的创作一般没有草图,都是即兴创作。创作时,他先把棍子或笔尖浸入颜料中,然后把颜色滴到或甩到画布上肆意作画。

京剧脸谱

活动目标

1.了解京剧是我们国家的国粹。

2.欣赏京剧脸谱中鲜艳的色彩和对称、夸张的形象,了解不同色彩的脸谱代表了不同性格和类型的人物。

3.能大胆表达自己对京剧脸谱艺术的认识。

活动准备

京剧脸谱图、京剧视频。

活动过程

1.带领幼儿欣赏视频京剧片段,激发幼儿欣赏京剧脸谱的兴趣。

(1)教师:你们听到的这段音乐和平时的歌曲一样吗?表演的人有什么地方很特别呢?

(2)教师小结:刚才我们听到的是京剧,是我们中国才有的传统艺术,京剧又被称为"国剧",很多外国朋友都非常喜欢看。除了唱腔好听外,京剧还很好看。大家也发现京剧演员脸上的妆很夸张,很特别,这些脸部的图案在京剧里叫作"脸谱"。

2.出示脸谱图片,引导幼儿欣赏京剧脸谱的色彩。

(1)教师:今天老师给你们带来了很多京剧脸谱图片,仔细看看,这些脸谱上都是由哪些颜色构成的?

(2)教师小结:京剧脸谱上有红、黄、蓝、绿、黑、白等颜色。

(3)幼儿相互交流欣赏不同的脸谱。

(4)请幼儿分别讲述自己的感受。

3.带领幼儿欣赏脸谱上对称的、夸张的图案。

(1)教师:脸谱上有哪些有趣的图案?

(2)讨论:脸谱上的五官跟我们的五官有什么不一样?

教师小结:脸谱上的五官比我们正常人要大一些,比较夸张。

(3)引导幼儿感知脸谱图案的对称性。

①教师:看看这些脸谱的左右两边!你还发现了些什么?

②教师小结:这些脸谱左右两侧的图案和颜色对应相同,这叫"对称"。

4.带领幼儿观察几种有特色的脸谱,让幼儿感受脸谱的艺术美。

(1)教师:看看这些脸谱除了有不同色彩、夸张、对称的特点外,还有哪些突出的特点?

(2)教师小结:包公的额头上画有月牙印,表示这个人清正廉洁;孙悟空的脸谱画得很像猴子的脸;二郎神的脸谱上有三只眼睛。

5.幼儿跟着京剧音乐大胆进行模仿和表演。

(1)教师:刚才我们欣赏了好听的京剧唱腔和好看的京剧脸谱,那你们想不想跟着京剧录像一起来进行表演呢?

(2)幼儿跟着京剧一起进行模仿表演。

《闹天宫》中的二郎神脸谱

《群英会》中的曹操脸谱

《铡美案》中的包公脸谱

《大闹天宫》中的齐天大圣脸谱

资 料 库

脸谱的含义：

白色：表现阴险奸诈、刚愎自用。

黄色：表现勇猛而暴躁的人物性格。

银色：表现神仙、妖怪的形象。

绿色：表现勇猛、莽撞的人物性格。

红色：表现忠贞、英勇的人物性格。

蓝色：表现刚强、骁勇、有心计的人物性格。

黑色：表现正直、无私、刚正不阿的人物性格。

紫色：表现刚正、稳练、沉着的人物性格。

泥 塑

活动目标

1.观赏泥塑作品,初步感知泥塑作品夸张的艺术表现形式和色彩搭配。
2.给幼儿讲解我国珍贵的民间艺术文化——泥塑艺术。

活动准备

泥塑作品、泥塑作品图片、泥塑制作工艺流程视频、橡皮泥。

活动过程

1.出示未着色的陶泥作品。

教师:你们能看出来这是什么吗?和小朋友们平时做的橡皮泥有什么不一样呢?

2.带领幼儿欣赏彩色陶泥作品。

(1)教师:这些也是泥塑作品。你们发现它们和刚才老师拿出来的泥塑作品有什么不一样吗?

(2)教师小结:泥塑艺术是我国历史悠久的民间艺术。它以泥土为原料,手工捏制成形,或素或彩,以人物、动物造型为主。泥塑的造型都是比较夸张的,颜色也很鲜艳。

3.介绍泥塑的制作过程。

(1)教师:你们猜这个泥塑作品是怎么制作出来的?

(2)带领幼儿观看民间泥塑家们创作泥塑作品的视频,拓宽幼儿思路,启发幼儿大胆想象。

(3)师幼简单小结泥塑作家制泥塑作品的步骤:

和泥—取泥—捏造型—晾晒—上底色(白色)—彩绘(上色)

4.泥塑作品图片欣赏。

(1)教师:说一说你最喜欢哪一个泥塑作品?为什么?

(2)探讨:泥塑作品上可以绘制哪些图案?

教师小结:我们见过的彩绘泥塑作品大多以动物造型为主,如十二生肖,也塑一些历史人物。泥塑是我们中国古老的民间艺术,尤其是天津"泥人张"彩塑历史久远,深受人们的喜爱。

5. 泥工活动：小泥人。

教师：我们一起用橡皮泥来做一个小泥人吧。

资 料 库

泥塑，亦称"彩塑"。中国民间雕塑工艺品。中国最著名的泥塑有敦煌莫高窟的菩萨像和太原晋祠圣母殿的侍女像等。

后　　记

　　幼儿教学活动应随着幼儿的兴趣而灵活调整。尤其是在幼儿园美术教学活动中，教学的策略应符合幼儿的发展水平。美术的教学形式可随机在生活中生成，这需要执教者细致观察，挖掘生活中的美，创造生活中的美，从而设计出科学的美术教案。

　　此外，美术活动中的创意性和灵活性还体现在美术材料的选用上。在很多教案的编写过程中，我们常常会为美术活动材料的选择和使用而犯难，其实，来源于生活的废旧物品也许会让幼儿操作起来更加得心应手。

　　在一系列教学活动实践中，我们还发现师生互动是幼儿学习美术的好方式之一。幼儿的智力发展有差异，教师应对幼儿的艺术表现给予充分的理解和尊重，耐心倾听并给予积极回应和鼓励。执教者可以利用幼儿间的交往来让他们成长，在培养幼儿艺术才能的同时也为幼儿提供社会性发展的机会。执教者不能用自己的审美标准去评判幼儿，更不能为追求结果的"完美"而对幼儿进行千篇一律的训练，以免阻碍其想象力与创造发展。

　　本书的编写在各方的通力协作中临近尾声，书中选用的教学设计是关靖芸、朱海燕、王蓉、翟伟伟、许亚丽、刘烨、钟鸣、魏晓庆、韦佳佳、毛鸣明、宣以菁、郑晨辰、李平、刘怡、杨慧、王兰兰、施俊霞、汪天也、姚颀、姚莹、刘章敏、柯柄霞等多位经验丰富的教师经过反复研课、观摩、分析、收集材料，总结出的科研成果精华。每一篇教学活动设计都是教师多次打磨之后，再由主编进行细致推敲、拓展研究而成，在此向各位教师致敬。

　　幼儿的美术活动十分重要，让我们珍视它、了解它。我们有足够的理由相信：当我们这样做了，幼儿的身心一定会更加美好！让我们一起努力，不断与时俱进，为幼儿提供最适合的美术教育！

宗　珣

2016 年 4 月